들어가는 말

초 1, 2학년을 위한 공부 체력 증진 프로젝트

우리 아이의 성장과 발육을 위해 어떤 영양제를 먹이시나요? 비타민, 칼슘, 마그네슘, 아연, 철분, 유산균까지 이것저것 챙겨서 먹여야 할 게 참 많더라고요. 간단하게 딱 한 알로 해결하면 좋을 거 같은데 말이죠.
그래서 여러 가지 성분이 함유된 종합 비타민 젤리 같은 게 나오나 봐요.

초 1, 2학년의 공부도 이와 비슷합니다. 할 게 참 많아요. 우선 한글을 떼야 읽고 쓸 수 있으니 한글 습득은 기본 중의 기본이고요. 국어, 수학 교과서에 나오는 개념도 알아야 하죠. 1에서 100까지 세면서 더하기 빼기도 할 수 있어야 합니다. 어휘력과 문장력이 뒷받침되어야 맞춤법 실력까지 자연스럽게 올라가고요. 연산뿐 아니라 문장으로 된 문제도 소화할 수 있어야 하죠. 여기에 문해력이 더해지면 독해력, 문제해결력, 추론 능력까지 필요합니다.

챙겨야 할 학습 영양제가 많지요? 그렇더라도 모두 학습에 기초가 되는 역량이라 초등학생이라면 꼭 해야 하는 공부임에는 틀림이 없습니다. 공부의 기초를 쌓는 데 주력하는 기적학습연구소는 이렇게 다양한 초등 학습 내용을 어떻게 하면 효과적으로 다룰 수 있을지 고민하다가 초 1, 2학년을 위한 종합 비타민 같은 교재가 있으면 좋겠다는 생각에 《꼭공》을 기획하게 되었습니다.

《꼭공 _ 꼭 필요한 공부》는 유아기를 막 벗어난 초등 1, 2학년을 위해 특별히 고안된 책입니다. 이 시기의 아이들은 여러 개의 알약을 한 번에 삼키기 어렵지요. 그래서 학습의 기초 체력을 다질 수 있도록 꼭 필요한 10가지 학습 영역을 한 권에 모았습니다. 초등학생이 되어 시작하는 집공부인 만큼 너무 어렵지 않게, 알차게 공부할 수 있도록 한 쪽, 한 쪽 공을 들였어요. 그러다 보니 말랑말랑한 종합 비타민 젤리처럼 '오늘은 국어, 내일은 수학'을 번갈아 가며 맛볼 수 있는 특별한 학습서가 되었습니다.
소화하기 힘든 여러 권의 문제집을 사서 앞쪽만 풀고 마는 것보다 아주 경제적이고 효율적이지요!

꼭 필요한 공부, 꼭 해야 하는 공부라면 종합 비타민 같은 《꼭공》을 꼭꼭 씹어서 공부 영양소를 듬뿍 채웁시다.
《꼭공》을 경험한 친구들이 공부의 기초 체력을 탄탄히 다질 수 있기를 기대합니다.
이 책의 캐릭터 '꼭파'는 교과 핵심 개념을 파고들어요. '양파공'은 친구들의 공부 도우미랍니다.
꼭파와 양파공을 따라 《꼭공》의 세계로 빠져 보실까요?

꼭공 학습 설계 | 읽기…쓰기…셈하기
기초 학력 강화에 필요한 10가지 꼭공 능력

초 1, 2학년의 꼭공은 '읽기, 쓰기, 셈하기'를 중심으로 공부의 기초 체력을 키우는 것에 집중합니다.

읽기 | 한글부터 숫자, 교과서 낱말, 문장, 글 등을 읽을 수 있어야 공부의 기초 체력을 튼튼하게 다질 수 있어요. 단어의 의미를 파악하고, 문장 구조를 이해하며, 글의 전반적인 내용을 해석하는 것을 포함하지요.

쓰기 | 자기 생각이나 의견을 문자로 쓸 수 있어야 합니다. 문법, 철자, 문장 구성 등을 포함하여 바르게 쓰는 능력을 길러야 해요. 쓰기는 효과적으로 의사소통을 하는 데 매우 중요한 공부 체력입니다.

셈하기 | 수학적 개념을 이해하고 수치를 다루는 능력이 필요합니다. 연산(덧셈, 뺄셈, 곱셈, 나눗셈) 원리를 이해하고, 알고리즘에 따라 계산 결과를 이끌어 내는 수 조작 과정은 수학적 사고력의 시작입니다.
셈하기는 일상생활에서도 필수적이며, 더 복잡한 수학 개념을 배우는 기초가 됩니다.

꼭공은 초 1, 2학년들에게 다음과 같은 공부 루틴을 추천합니다.

꼭공 공부 루틴 | 학교에서는 매일 국어, 수학 교과서로 공부합니다. 하교 후 집에 와서는 꼭공으로 배운 내용을 한번 정리해 보는 겁니다. 많지 않아요. 오늘 배운 내용을 떠올리며 하루는 국어 2쪽, 다음 날은 수학 2쪽을 차근차근 풀어 보는 거죠. 짧으면 5분, 길어야 10분 내외로 자기만의 공부 습관을 만들 수 있어요.
가랑비에 옷 젖듯 공부 습관을 몸과 마음에 스며들게 하는 거죠. 그럼 어떤 것을 공부할까요?

**꼭공은 세 가지 기초 학력 '읽기, 쓰기, 셈하기'를 기반으로 하여
초등 국어, 수학 교과서에서 꼭 공부해야 할 10가지 영역을 뽑았습니다.**

우리는 이것을 초 1, 2학년이 꼭 공부해야 할 10가지 꼭공 능력이라고 불러요.

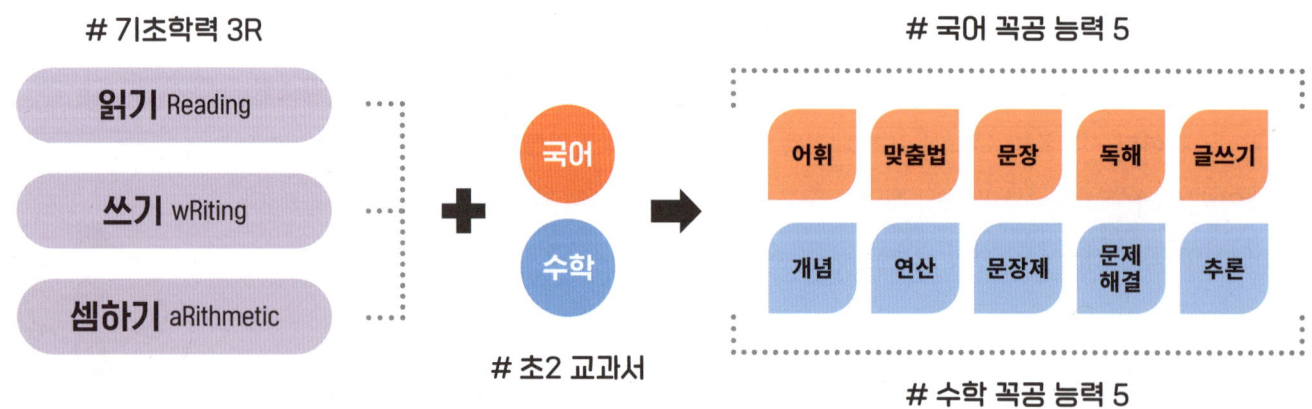

초 1, 2학년이 꼭 공부해야 할 10가지 꼭공 능력

국어

어휘 | 교과서 어휘를 중심으로 수준별 낱말을 습득하고, 정확한 뜻과 쓰임새를 알아봅니다. 어휘의 폭이 넓어질수록 교과 내용을 제대로 이해해 공부 실력을 다지고 문해력을 키울 수 있습니다.

맞춤법 | 우리말과 글을 바르게 쓰기 위한 원칙과 방법을 파악하고 적용합니다. 맞춤법을 잘 알고 지키면 교과 학습 및 의사소통 등에서 잘못된 표현과 오해를 줄여 효과적인 언어생활을 할 수 있습니다.

문장 | 어휘가 모여 문장이 되고, 문장을 익히며 점차 더 긴 글을 읽는 힘을 기를 수 있습니다. 교과서에 나오는 문장 구조를 파악하고, 스스로 하나의 문장을 완성하면서 읽고 쓰기와 친숙해집니다.

독해 | 읽고 이해하는 독해 능력은 국어뿐 아니라 전 과목에서 요구되는 공부의 기초입니다. 내용을 읽고 이해함으로써 모르는 것을 습득하고, 나아가 문제 해결에까지 다다를 수 있습니다.

글쓰기 | 글쓰기는 자신의 생각과 경험을 글로 표현하는 활동에 해당합니다. 글쓰기를 통해 자기 생각을 다른 사람에게 전달할 수 있고, 이야기를 만들거나 문장으로 쓰면서 창의력과 표현력을 기를 수 있습니다.

수학

개념 | 덧셈·뺄셈 원리와 방법, 수학 기호와 용어 등을 익힙니다. 수학은 개념이 점차 심화·확장되는 나선형 학습 설계를 가지므로 해당 학년의 개념을 완벽히 이해하는 것이 중요합니다.

연산 | 자연수의 덧셈과 뺄셈을 연습합니다. 연산은 필수적이며, 이 능력이 부족하면 문제 해결의 실마리를 찾아도 정답을 구할 수 없습니다. 따라서 실수 없이 정확하게 계산하는 연산 능력을 갖추는 것이 중요합니다.

문장제 | 문제를 읽고 문제 속에 숨겨진 연산을 찾아 식과 답을 쓰는 연습을 합니다. 생활 속 수학적 문제 상황을 글로 표현한 문장제를 해결하며 수학이 실생활에 도움을 주고, 문제 해결에 필수적인 학문임을 이해합니다.

문제해결 | 해결해야 할 문제를 정확하게 파악한 다음, 배운 내용을 이용하여 논리적으로 사고하며 문제를 해결합니다. 문제해결력은 수학뿐 아니라 다른 분야의 여러 문제를 해결하는 데 꼭 필요한 역량입니다.

추론 | 배운 내용을 바탕으로 자신이 세운 가설이나 해결 방법을 논리적으로 정당화하는 과정입니다. 낯선 수학 문제의 답을 추측하고, 그 이유를 생각해 보면서 수학적 사고력과 문제해결력을 키울 수 있습니다.

오렌지는 국어, 블루는 수학과 관련 있어요. 이 10가지 꼭공 능력을 기르며 학습 기본기를 꽉 채워 봅시다.
꼭공으로 매일 가볍고 즐겁게 공부하면 다음 학년에 올라가서도 아주 수월하게 공부 체력을 키울 수 있고요.
어느새 의젓한 초등학생으로 성장할 겁니다.
오늘 학교 잘 다녀왔나요? 손 씻고, 간식도 먹고 잠깐 쉬었다가 꼭공을 만나 보세요.

기적학습연구소 일동

꼭공! 이렇게 활용해 보세요

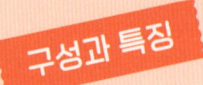

오늘 공부할 주제는?
초2 국어 교과서, 수학 교과서에서 기초 학력 3R (읽기, 쓰기, 셈하기)을 중심으로 핵심 주제 70가지를 뽑았어요.

오늘은 **국어**, 내일은 **수학** 하루씩 번갈아 공부해요!

국어 2쪽, 수학 2쪽이 하루씩 번갈아 가며 나와요. 이 책 저 책 찾을 필요 없이 이 한 권만 쭈~욱 풀면 국어, 수학을 모두 공부할 수 있어요.

01 국어	02 수학	03 국어	04 수학	05 국어
06 수학	07 국어	08 수학	09 국어	10 수학

02 수학 — 천과 몇천을 알아보자

01 국어 — 장면 상상하며 읽기 ①

장맛비 갠 날

권태응

활짝 장맛비
개었습니다.
새빨간 봉숭아
눈부십니다.
맴 맴 매미들
울어댑니다.

이젠 장맛비
개었습니다.
잠자리도 좋아서
날아댑니다.
우리들은 고기잡이
개울 갑니다.

여러 날 동안 계속 오던 비가 그치면 기분이 어떨까?

꼭 시를 읽으며 장면을 상상하는 방법
- 시의 **내용**을 생각하며 장면을 상상해요.
- 인상 깊은 **표현**을 생각하며 장면을 상상해요.
- 자신의 **경험**과 비교하며 장면을 상상해요.

+

꼭공 **복습**

 11 종합

국어, 수학을 번갈아 10번 공부하고 난 후, 잘 공부했는지 한꺼번에 확인해 보세요.

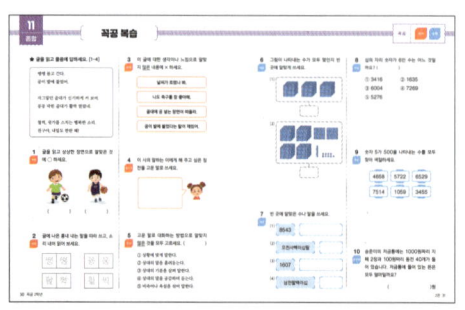

이런 순서로 공부해요

차례

01 국어 02 수학 … 11 종합

• 정답은 책 맨 뒤에 있어요.

꼭공 : 12~22		
12	연을 날려 보자	34
13	크게 뛰고, 작게 뛰고!	36
14	설명하는 글을 써요	38
15	둘 중 더 큰 수는?	40
16	낮은 밝고 밤은 어두워	42
17	가장 큰 수, 가장 작은 수	44
18	인형을 안고 의자에 앉고	46
19	수 카드로 네 자리 수를 만들면?	48
20	문장 부호를 어떻게 쓸까?	50
21	잊어버린 비밀번호를 찾아라	52
22	꼭공 복습	54

꼭공 : 01~11		
01	장면 상상하며 읽기 ①	10
02	천과 몇천을 알아보자	12
03	장면 상상하며 읽기 ②	14
04	네 자리 수를 쓰고 읽자	16
05	이건 내가 아니야!	18
06	자리마다 나타내는 값이 달라	20
07	고운 말로 대화해요	22
08	자릿값 덧셈	24
09	상냥한 쿠니 쌤 상담소	26
10	수 퍼즐을 맞춰라	28
11	꼭공 복습	30

꼭공 : 23~33		
23	문장의 종류	58
24	2단, 5단 곱셈구구	60
25	그리고, 그러나, 그래서	62
26	3단, 6단 곱셈구구	64
27	마음을 담은 편지	66
28	4단, 8단 곱셈구구	68
29	양초 도깨비	70
30	7단, 9단 곱셈구구	72
31	이야기 속 인물에게	74
32	곱셈구구의 비밀	76
33	꼭공 복습	78

꼭공 : 34~44		
34	뜻이 비슷한 낱말	82
35	2단부터 9단까지 다 외웠지?	84
36	너와 나는 틀려? 달라!	86
37	1단 곱셈구구와 0의 곱	88
38	소리는 같지만 뜻이 다른 낱말	90
39	곱셈구구 연습하기	92
40	아침, 점심, 저녁	94
41	곱이 같은 곱셈구구를 찾아라	96
42	올해 2학년이야	98
43	곱하고 더하고, 곱하고 빼고	100
44	꼭공 복습	102

꼭공 : 45~55		
45	춤추는 할아버지	106
46	cm보다 더 큰 단위, m	108
47	정확하게 발음하기	110
48	m를 cm로, cm를 m로!	112
49	우리 집이 사라져요	114
50	길이의 합과 차 ①	116
51	방귀쟁이 며느리	118
52	길이의 합과 차 ②	120
53	시골 쥐와 도시 쥐	122
54	몸으로 길이 어림하기	124
55	꼭공 복습	126

꼭공 : 56~66		
56	편리한 인터넷 세상	130
57	시각을 읽자	132
58	도토리를 줍지 말자	134
59	몇 시 몇 분 전일까?	136
60	똑딱똑딱 30초 말하기	138
61	1시간은 60분이야	140
62	내 생각을 말해요	142
63	시간이 얼마나 걸리지?	144
64	바르게 읽고 써요	146
65	부산에서 서울까지	148
66	꼭공 복습	150

꼭공 : 67~77		
67	시의 분위기를 생각하며 읽기	154
68	하루의 시간	156
69	어떡하지 큰일이야	158
70	나만의 하루 계획을 세우자	160
71	언니는 신기해	162
72	1주일, 1달, 1년	164
73	안녕, 큐브!	166
74	1분부터 1년까지	168
75	나는 으뜸 개구리	170
76	친구들의 생일은 언제야?	172
77	꼭공 복습	174

꼭공 국어 수학
01~11

내 이름은 꼭파!
꼭 공부해야 할 것만 콕 짚어 알려 줄게.

나는 수다쟁이 양파공!
공부할 때 내 힌트가 도움이 될 거야.

· 학습 계획표 ·

꼭공 내용	꼭공 능력	공부한 날
01 장면 상상하며 읽기 ①	**어휘** 맞춤법 문장 **독해** 글쓰기	/
02 천과 몇천을 알아보자	**개념** 연산 문장제 문제해결 추론	/
03 장면 상상하며 읽기 ②	어휘 맞춤법 문장 **독해** 글쓰기	/
04 네 자리 수를 쓰고 읽자	**개념** 연산 문장제 문제해결 추론	/
05 이건 내가 아니야!	어휘 맞춤법 문장 **독해** **글쓰기**	/
06 자리마다 나타내는 값이 달라	**개념** 연산 문장제 문제해결 **추론**	/
07 고운 말로 대화해요	**어휘** 맞춤법 **문장** 독해 글쓰기	/
08 자릿값 덧셈	개념 **연산** **문장제** 문제해결 추론	/
09 상냥한 쿠니 쌤 상담소	어휘 맞춤법 **문장** 독해 **글쓰기**	/
10 수 퍼즐을 맞춰라	개념 연산 문장제 **문제해결** **추론**	/
11 꼭공 복습	**국어** **수학**	/

01 국어

장면 상상하며 읽기 ①

장맛비 갠 날

권태응

활짝 장맛비
개었습니다.
새빨간 봉숭아
눈부십니다.
맴 맴 매미들
울어댑니다.

이젠 장맛비
개었습니다.
잠자리도 좋아서
날아댑니다.
우리들은 고기잡이
개울 갑니다.

여러 날 동안 계속 오던 비가 그치면 기분이 어떨까?

시를 읽으며 장면을 상상하는 방법
- 시의 **내용**을 생각하며 장면을 상상해요.
- 인상 깊은 **표현**을 생각하며 장면을 상상해요.
- 자신의 **경험**과 비교하며 장면을 상상해요.

1 시를 읽고 물음에 답하세요.

● 시에 나타난 계절은 언제일까요?　　　　　　　　　　　(　　　　　　　)

● 다음 낱말의 뜻을 읽고 낱말을 따라 쓰세요.

　　여름철에 여러 날 계속해서 비가 내리는 일.　　　　장 마

　　　　　장마 때 오는 비.　　　　　　　　　　　　　장 맛 비

● 다음 뜻을 가진 흉내 내는 말을 시에서 찾아 쓰세요.

　　날이 맑게 개거나 환히 밝은 모양.　　　　　　　　(　　　　　　　)

● 시를 읽고 떠오르는 장면이나 느낌을 알맞게 말한 친구를 모두 찾아 ○ 하세요.

매미가 맴맴 우는 화창한 여름날이 떠올라.

우산을 쓰고 빗길을 걷는 아이가 생각나.

잠자리도 좋아서 날아댄다는 표현이 재미있어.

2 자신이 겪은 비슷한 경험을 떠올려 시에 대한 느낌을 쓰세요.

천과 몇천을 알아보자

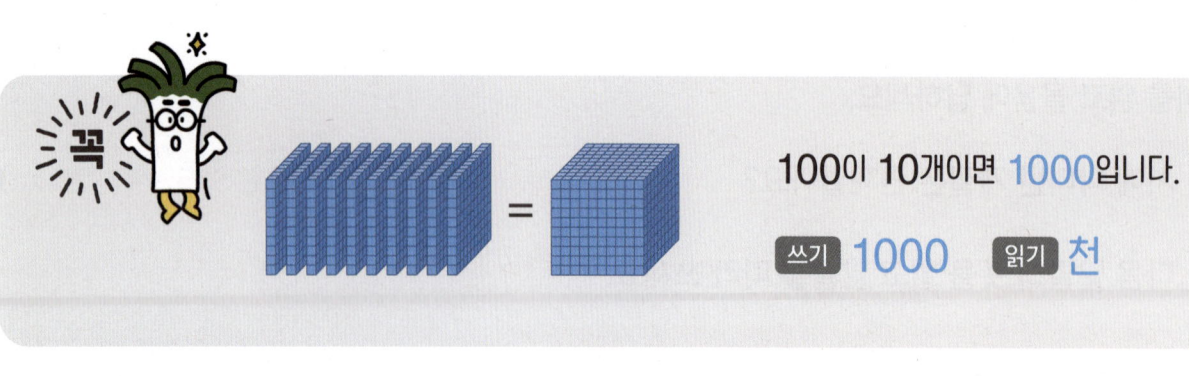

100이 10개이면 1000입니다.

쓰기 1000   읽기 천

1 수직선을 보고 □ 안에 알맞은 수를 써넣으세요.

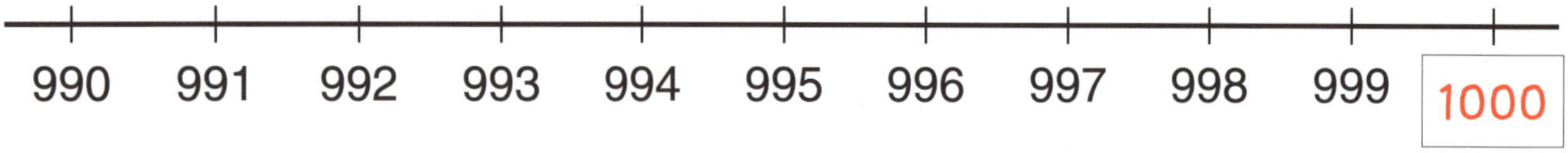

990 991 992 993 994 995 996 997 998 999 **1000**

- 999보다 1만큼 더 큰 수는 □ 입니다.
- 1000은 995보다 □ 만큼 더 큰 수입니다.

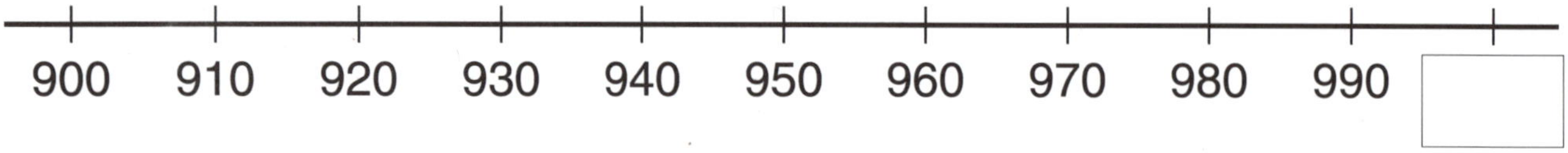

900 910 920 930 940 950 960 970 980 990 □

- 990보다 □ 만큼 더 큰 수는 1000입니다.
- 1000은 □ 보다 30만큼 더 큰 수입니다.

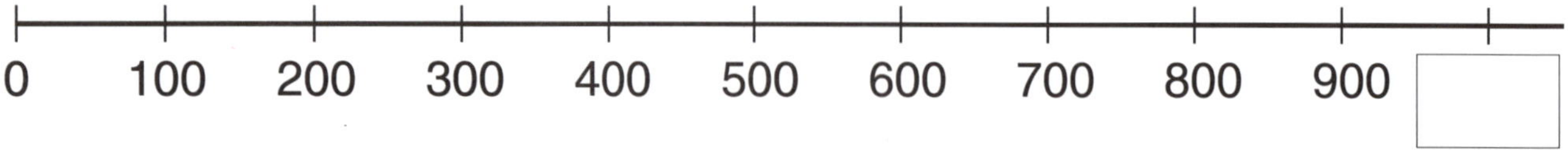

0 100 200 300 400 500 600 700 800 900 □

- □ 보다 100만큼 더 큰 수는 1000입니다.
- □ 보다 □ 만큼 더 큰 수는 1000입니다.

내 마음대로 1000을 나타내 보자!

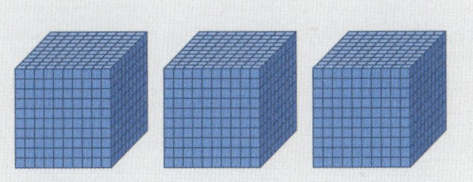

1000이 3개이면 3000입니다.

쓰기 3000 읽기 삼천

2 주어진 수만큼 묶고, 빈 곳에 알맞은 수나 말을 써넣으세요.

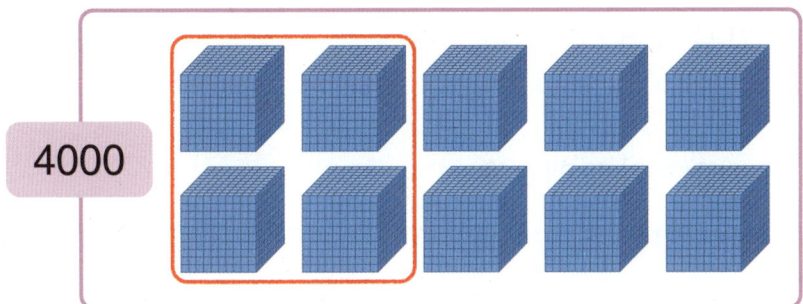

4000

1000이 _____ 개인 수

읽기 사천

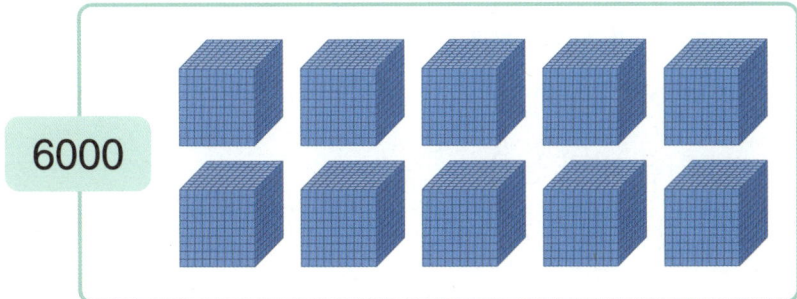

6000

1000이 _____ 개인 수

읽기 _____

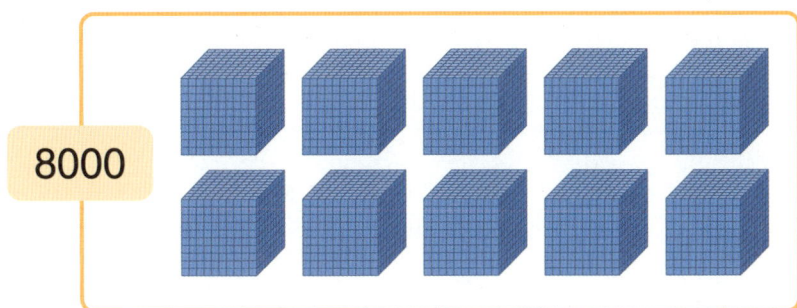

8000

1000이 _____ 개인 수

읽기 _____

03 국어

장면 상상하며 읽기 ②

바닷가에서

윤복진

바닷가에 조그만 돌
어여뻐서 주워 보면
다른 돌이 또 좋아서
자꾸 새것 바꿉니다.

바닷가의 모래밭에
한이 없는 조그만 돌
어여뻐서 바꾸고도
주워 들면 싫어져요.

㉠ 의 모래밭엔
돌멩이도 많지요,
맨 처음 버린 돌을
다시 찾다 해가 져요.

글쓴이처럼 무언가를 줍거나 모은 적이 있니?

1 시를 읽고 물음에 답하세요.

● 시에서 줍고 있는 것은 무엇인가요?   　돌　　모래　　쓰레기

● ㉠에 들어갈 장소는 어디인지 세 글자로 쓰세요.

● 시를 바르게 감상한 친구를 모두 찾아 ○ 하세요.

해 뜨는 강가의 풍경이 떠올라.

나도 가을에 예쁜 단풍잎을 줍던 일이 생각났어.

새 돌을 주워 보면 다른 돌이 더 좋은 거 같고 뭔가 고르는 일은 어려운 것 같아.

2 시를 읽고 떠오르는 장면을 그림으로 그려 보세요.

04 수학

네 자리 수를 쓰고 읽자

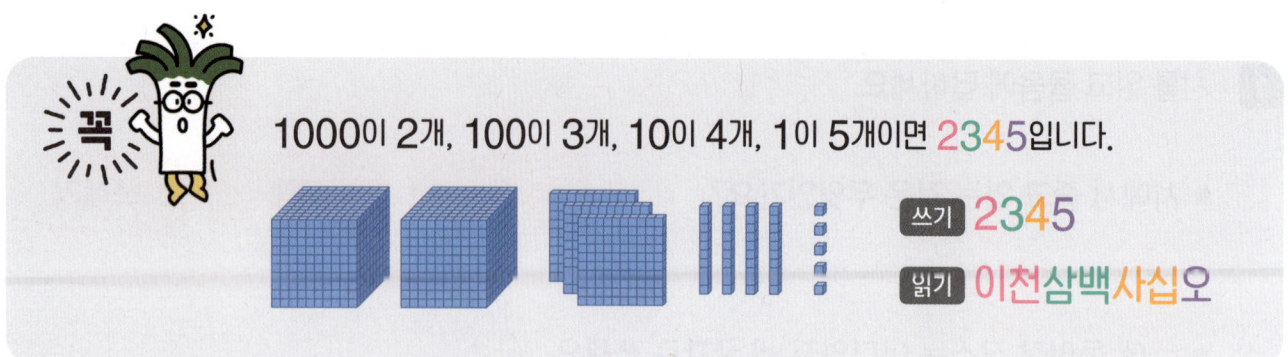

1000이 2개, 100이 3개, 10이 4개, 1이 5개이면 2345입니다.

쓰기 2345
읽기 이천삼백사십오

1 수 모형이 나타내는 수를 쓰고, 바르게 읽어 보세요.

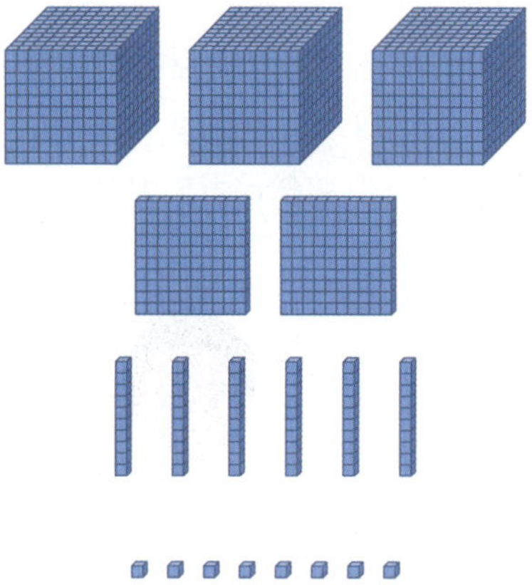

	수	읽기	
1000이 ☐ 개 →	3000	→ ☐	모두 붙여서 읽어요.
100이 ☐ 개 →	☐	→ 이백	
10이 6 개 →	☐	→ ☐	
1이 ☐ 개 →	☐	→ ☐	

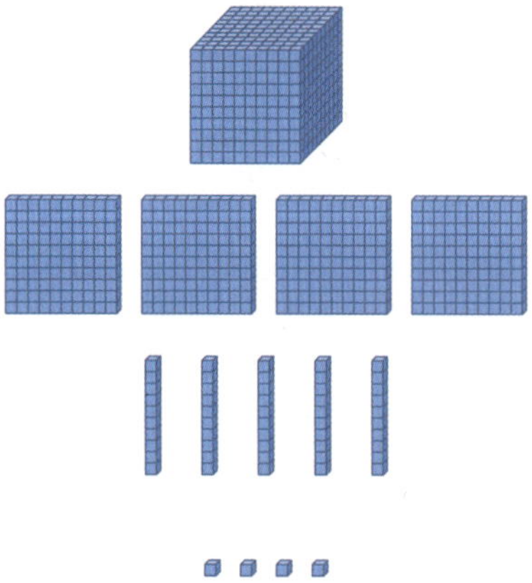

☐ ☐

1000이 ☐ 개 →	☐	→ ☐
100이 ☐ 개 →	☐	→ ☐
10이 ☐ 개 →	☐	→ ☐
1이 ☐ 개 →	☐	→ ☐

☐ ☐

2 모두 얼마인지 쓰고, 바르게 읽어 보세요.

> 수를 읽을 때 자리의 숫자가 0이면 그 자리에 아무것도 없는 것이므로 숫자와 자릿값을 읽지 않습니다. 반대로 수를 쓸 때 자릿값이 없으면 그 자리에 반드시 0을 써야 한다는 것에 주의하세요.

쓰기 _____ 원

읽기 _____ 원

쓰기 _____ 원

읽기 _____ 원

쓰기 _____ 원

읽기 _____ 원

10원짜리 동전이 10개면? 100원!

쓰기 _____ 원

읽기 _____ 원

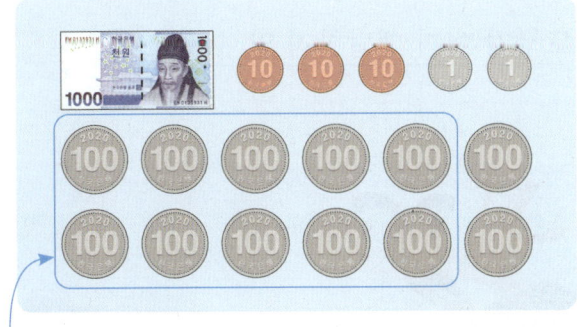

100원짜리가 10개면?

쓰기 _____ 원

읽기 _____ 원

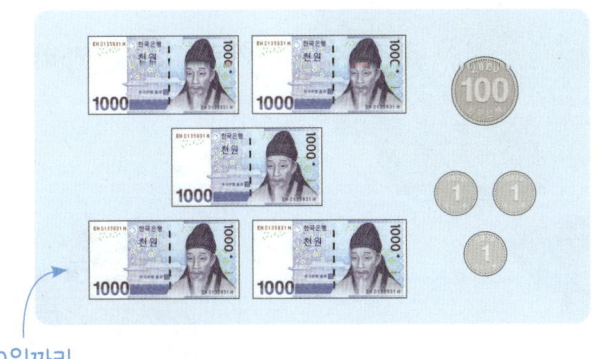

10원짜리 동전이 없어!

쓰기 _____ 원

읽기 _____ 원

이건 내가 아니야!

1 이야기 속 장면과 인물의 마음을 상상하며 글을 읽어 보세요.

어느 날, 동물 마을에 떠돌이 사진사 카피바라가 찾아왔어요.

"이건 무엇을 하는 물건이오?"

카메라를 처음 본 동물 친구들은 신기하기 짝이 없었지요. 물에 비친 흐릿한 모습보다 훨씬 선명한 내 그림을, 순식간에 만들어 준다고 하지 않겠어요?

소문이 널리 퍼지자, 동물 친구들은 한껏 꾸미고 나타났어요.

"오, 정말 많은 분들이 오셨군요! 이렇게 모였으니, 멋진 사진을 찍어 드릴게요."

신이 난 동물들은 큰 나무를 사이에 두고 차례차례 줄을 서서 자세를 잡았지요.

찰칵, 찰칵! 플래시가 번쩍이자 나뭇가지에 있던 독수리는 눈이 부셔 눈을 감고 말았어요. 지잉, 지잉…. 곧이어 사진을 확인한 독수리는 실망하고 말았어요.

"잠깐! 이게 나라고요? 내 부리부리한 눈이 왜 감겨 있죠? 빛나는 눈이 왜 안 보이냐고요?"

"네…? 방금 사진을 찍을 때 눈을 감았잖아요!"

사진사 카피바라는 정말 어이가 없었어요. 그런데 사자도 발끈해서 외쳤지요.

"이게 나란 말이오? 물론 나랑 닮았지만, 내 갈기는 구름처럼 풍성하고 내 발톱은 칼날처럼 날카롭다오! 나는 훨씬 더 용맹하고 늠름하단 말이오!"

다람쥐도 한마디 하지 않을 수 없었죠.

"아니, 내가 이렇게 조그마할 리가 없어요. 이 큰 나무 꼭대기까지 10초면 오를 수 있는데, 내가 이렇게 작을 리가요?"

성격 좋고 말 잘하기로 유명한 카피바라였지만, 도무지 어찌 대답할지 알 수 없었어요.

2 글을 읽고 물음에 답하세요.

● 동물 마을에 찾아온 친구는 누구인가요? (   )

● 동물 친구들이 한껏 꾸미고 나타난 까닭은 무엇인가요?

| 소문을 내기 위해서 | 사진을 찍기 위해서 | 그림을 그리기 위해서 |

● 사진을 확인한 독수리가 실망한 까닭은 무엇인가요?

| 키가 작아 보여서 | 눈이 감겨 있어서 | 용맹하지 않아 보여서 |

● 사진을 보고 불만을 말하지 않은 친구는 누구인가요?

| 사자 | 독수리 | 코끼리 | 다람쥐 |

● 밑줄 친 부분에서 상상할 수 있는 카피바라의 마음은 무엇인가요?

| 기쁨 | 황당함 | 즐거움 | 부끄러움 |

내 사진을 찍는다면 어떤 모습이 드러나면 좋을지도 생각해 봐.

3 글을 읽고 떠오른 생각이나 느낌을 쓰세요.

06 수학

자리마다 나타내는 값이 달라

3596에서
3은 천의 자리 숫자이고, 3000을 나타냅니다.
5는 백의 자리 숫자이고, 500을 나타냅니다.
9는 십의 자리 숫자이고, 90을 나타냅니다.
6은 일의 자리 숫자이고, 6을 나타냅니다.

1 빈 곳에 알맞은 수를 쓰세요.

천	백	십	일
4	8	2	5

- 천의 자리 숫자는 _____
- 백의 자리 숫자는 _____
- 십의 자리 숫자는 _____
- 일의 자리 숫자는 _____

천	백	십	일
3	1	8	9

- 3이 나타내는 값은 _____
- 1이 나타내는 값은 _____
- 8이 나타내는 값은 _____
- 9가 나타내는 값은 _____

천	백	십	일
6	2	7	8

- 십의 자리 숫자는 _____
- 일의 자리 숫자는 _____
- 백의 자리 숫자는 _____
- 천의 자리 숫자는 _____

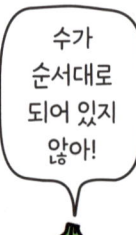
수가 순서대로 되어 있지 않아!

천	백	십	일
7	3	6	4

- 7이 나타내는 값은 _____
- 4가 나타내는 값은 _____
- 6이 나타내는 값은 _____
- 3이 나타내는 값은 _____

2 알맞은 수를 모두 찾아 색칠하세요.

'~자리 숫자'는 그 자리에 있는 숫자를, '~가 나타내는 값'은 숫자와 자릿값을 함께 나타낸 수를 말해요. 두 표현의 의미가 서로 다르다는 것을 알려 주세요.

일의 자리 숫자가 8인 수
- 8253
- 1786
- 5809
- 4218

숫자 4가 40을 나타내는 수
- 1426
- 6400
- 3740
- 7545
- 5462

숫자 6이 600을 나타내는 수

6025	4641
3456	5460
9630	8576

천의 자리 숫자가 3인 수

8349	3697	5036
3562	2638	3000

십의 자리 숫자가 5인 수

6259	9580	5400
7522	5693	1250
4695	2385	8151

숫자 7이 7을 나타내는 수

6874	2147	7156
3780	5937	4712
8307	7903	9876

07 국어

고운 말로 대화해요

고운 말로 대화하는 방법
- 상대의 말을 공감하며 들어요.
- 자신의 상황을 이해할 수 있게 말해요.
- 듣는 사람을 바라보며 말해요.
- 상대의 기분을 살펴 말해요.
- 상대의 말을 잘 듣고 상황에 맞게 말해요.
- 욕설이나 *비속어를 쓰지 않아요.

*비속어: 예절에 어긋나게 대상을 낮추어 보거나 하찮게 여기는 말.

1 상황에 알맞은 고운 말로 대답한 말풍선을 골라 색칠하세요.

2 고운 말로 대화가 이어지도록 알맞은 대답을 고르며 점선을 따라가 보세요.

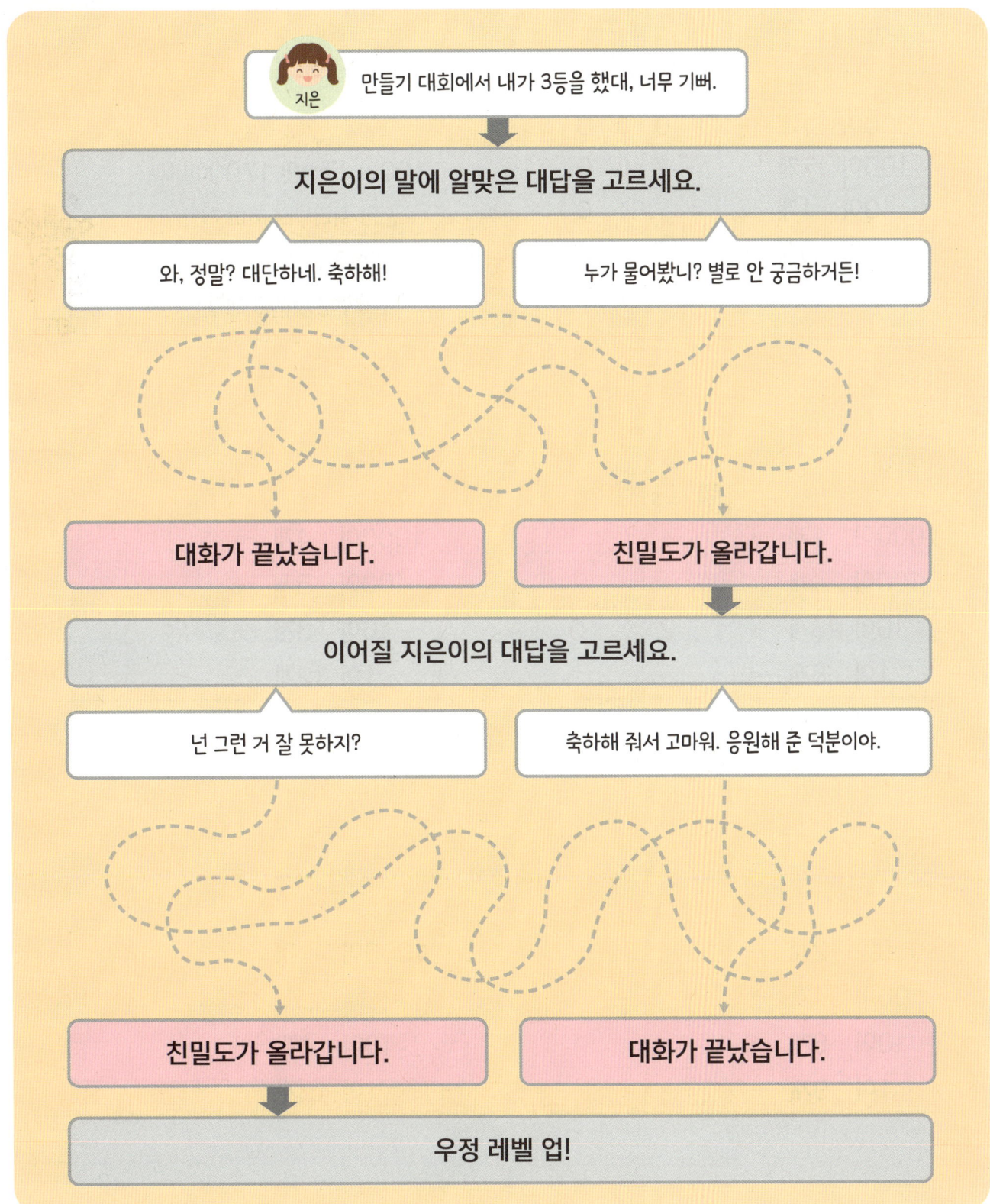

08 수학 — 자릿값 덧셈

1 보기 와 같이 자리에 맞게 수를 쓰고, 덧셈을 하세요.

아직 네 자리 수의 덧셈을 배우지 않았지만 자릿값을 배웠으므로 세로셈으로 연습해 보는 것이 좋아요. 각 자리끼리 세로로 더해서 칸에 맞추어 쓰면 네 자리 수를 쉽게 찾을 수 있어요.

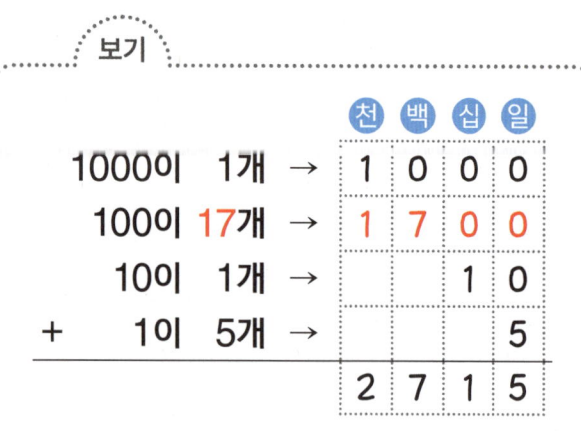

보기

	천	백	십	일
1000이 1개 →	1	0	0	0
100이 17개 →	1	7	0	0
10이 1개 →			1	0
+ 1이 5개 →				5
	2	7	1	5

100이 17개면 1700이니까 천의 자리부터 써야 해요. 수를 자리에 맞게 쓰고, 세로로 덧셈을 해요.

	천	백	십	일
1000이 1개 →				
100이 4개 →				
10이 23개 →		2	3	0
+ 1이 8개 →				

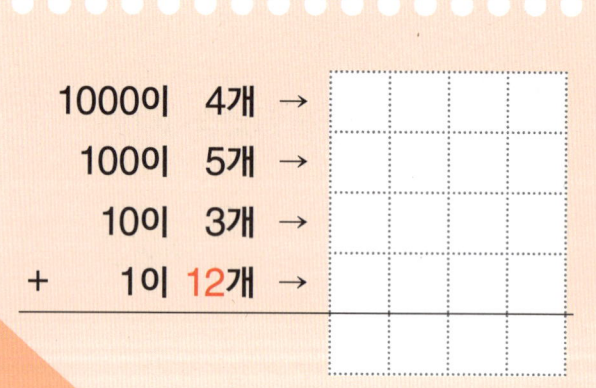

| 1000이 4개 → |
| 100이 5개 → |
| 10이 3개 → |
| + 1이 12개 → |

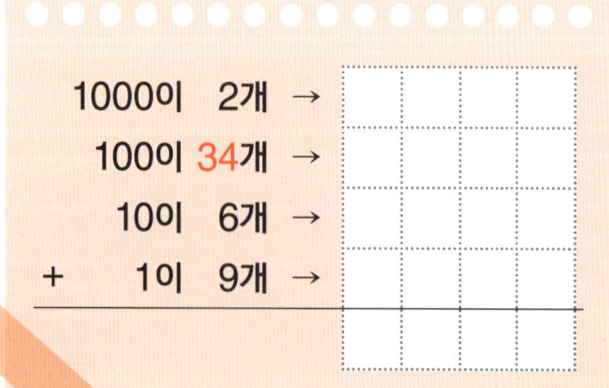

| 1000이 2개 → |
| 100이 34개 → |
| 10이 6개 → |
| + 1이 9개 → |

| 1000이 1개 → |
| 100이 하나도 없어! |
| 10이 4개 → |
| + 1이 42개 → |

2 문제를 잘 읽고 답을 구하세요.

서점에서 동화책을 사면서
천 원짜리 지폐 5장, 백 원짜리 동전 4개를 내고,
거슬러 받은 돈이 없습니다.
동화책은 얼마일까요?

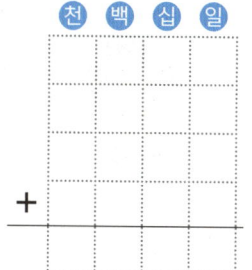

답 _____ 원

색종이가 1000장씩 4묶음, 100장씩 8묶음,
낱장으로 25장 있습니다.
색종이는 모두 몇 장일까요?

답 _____ 장

저금통을 열었더니
천 원짜리 지폐 2장, 백 원짜리 동전 22개,
십 원짜리 동전 4개가 있었습니다.
저금통에 들어 있던 돈은 모두 얼마일까요?

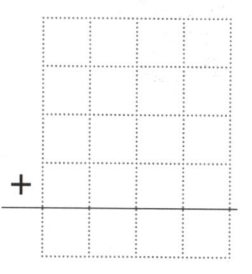

답 _____ 원

초콜릿이 100개씩 12상자, 10개씩 30봉지,
낱개로 5개 있습니다.
초콜릿은 모두 몇 개일까요?

답 _____ 개

09 국어 상냥한 쿠니 쌤 상담소

1 친구의 말에 어울리는 대답을 찾아 선으로 이으세요.

 난 너무 늦잠을 많이 자. 난 왜 이럴까?

 맘에 들지 걱정했는데, 잘 읽었다니 기뻐.

 추천해 준 책 잘 읽었어. 넌 늘 좋은 책을 잘 고르는 것 같아.

 고마워. 계속 연습한 춤인데, 해내서 다행이야.

 너 정말 춤을 잘 추더라. 아이돌처럼 멋있었어.

 자는 시간을 30분만 당겨 보면 어떨까?

칭찬은 상대가 잘하는 점이나 노력하는 점, 좋은 점 따위를 높이 평가해 주는 것이에요.

조언은 다른 사람에게 어려움이 있을 때 도움이 되도록 말로 알려 주는 것이에요.

어떻게 말할까요?
- 칭찬하는 점과 그 까닭이 드러나게 이야기해요.
- 좋은 점을 너무 부풀리지 않고 진심으로 칭찬해요.
- 열심히 노력하는 점을 찾아서 칭찬해요.

어떻게 말할까요?
- 듣는 사람의 마음에 공감하며 격려해요.
- 걱정하는 마음을 담아 듣는 사람이 고치면 좋을 습관을 알려 줘요.
- 문제를 해결할 수 있는 방법을 말해 줘요.
- 도우려는 마음을 담아 존중하는 태도로 말해요.

상대방의 말을 귀 기울여 듣고 공감하는 것에서부터 상대를 존중하는 말하기가 시작됩니다. 엉뚱한 칭찬이나 조언을 하더라도 그 자체로 상대의 입장을 이해하고 대답을 고민하는 연습이 될 수 있습니다.

2 쿠니 쌤 상담소에 친구들의 메시지가 도착했습니다. 쿠니 쌤이 되어서 해 주고 싶은 칭찬이나 조언을 자유롭게 쓰세요.

전 항상 느리다고 무시받아 왔어요. 하지만 며칠 전 토끼와 경주했는데, 토끼가 방심해서 잠든 사이에 열심히 달려서 제가 이겼어요!

토끼보다 훨씬 느린데도 끝까지 달려 경주에서 이기다니, 정말 멋져. 그렇게 포기하지 않고 꾸준하게 노력한다면 어떤 힘든 일도 해낼 수 있을 거야.

크헝! 난 덩치 큰 곰인데 아무도 날 무서워하지 않아. 내가 겁이 많아서 그런가 봐. 어떻게 하면 당당해질 수 있을까?

겨울이 되기 전에 밤과 도토리를 잔뜩 모아 두어야 하는데, 난 먹이가 생기기만 하면 당장 먹어 버리곤 해. 어쩌면 좋지?

합창단에 뽑혔어. 그동안 매일 연습하고 준비하느라 정말 힘들었는데, 합창단이 되어서 너무너무 기뻐!

10 수학

수 퍼즐을 맞춰라

1 설명에 알맞은 수를 찾아 퍼즐을 완성하세요.

가로로 쓰는 네 자리 수

① 삼천오백이십팔 → 3528
③ 999보다 1만큼 더 큰 수 → 가장 작은 네 자리 수야.
⑤ 1000이 5개, 100이 9개, 10이 1개, 1이 7개인 수
⑦ 1000이 9개인 수 중에서 가장 작은 수
⑨ 1000+700+90+4
⑪ 1000이 7개, 100이 2개, 1이 51개인 수
⑬ 천의 자리 숫자는 5, 백의 자리 숫자와 십의 자리 숫자는 3, 일의 자리 숫자는 2인 수
⑮ 백의 자리 숫자는 5이고, 십의 자리 숫자는 일의 자리 숫자와 같은 수

→ 세로 ⑭와 ⑯을 먼저 풀자!

세로로 쓰는 네 자리 수

② 1000이 8개, 100이 1개, 10이 3개, 1이 3개인 수
④ 천의 자리 숫자는 4, 백의 자리 숫자는 2, 일의 자리 숫자는 5인 수
⑥ 이천백오십
⑧ 각 자리 숫자가 모두 같은 네 자리 수 → 가로 ⑦에서 천의 자리 숫자를 먼저 찾아야 해.
⑩ 100이 41개이고, 1이 1개인 수
⑫ 5300보다 25만큼 더 큰 수
⑭ 천의 자리 숫자와 일의 자리 숫자는 백의 자리 숫자와 같고, 십의 자리 숫자는 백의 자리 숫자보다 5만큼 더 큰 수 → 백의 자리 숫자는 가로 ⑬의 일의 자리 숫자!
⑯ 8000+40+6

11 종합

꼭공 복습

★ 글을 읽고 물음에 답하세요. [1-4]

> 쌩쌩 몰고 간다.
> 공이 발에 붙었어.
>
> 자그맣던 골대가 신기하게 커 보여.
> 꽁꽁 막힌 골대가 활짝 열렸네.
>
> 철썩, 귓가를 스치는 행복한 소리.
> 친구야, 내일도 한판 해!

1 (독해) 글을 읽고 상상한 장면으로 알맞은 것에 ○ 하세요.

(　　　)　　(　　　　)

2 (어휘) 글에 나온 흉내 내는 말을 따라 쓰고, 소리 내어 읽어 보세요.

3 (독해) 이 글에 대한 생각이나 느낌으로 알맞지 <u>않은</u> 내용에 × 하세요.

- 날씨가 흐렸나 봐.
- 나도 축구를 참 좋아해.
- 골대에 공 넣는 장면이 떠올라.
- 공이 발에 붙었다는 말이 재밌어.

4 (글쓰기) 이 글의 '나'에게 해 주고 싶은 칭찬을 고운 말로 쓰세요.

5 (문장) 고운 말로 대화하는 방법으로 알맞지 <u>않은</u> 것을 모두 고르세요. (　　　)

① 상황에 맞게 말한다.
② 상대의 말을 흘려듣는다.
③ 상대의 기분을 살펴 말한다.
④ 상대의 말을 공감하며 듣는다.
⑤ 비속어나 욕설을 섞어 말한다.

6 그림이 나타내는 수가 모두 얼마인지 빈 곳에 알맞게 쓰세요.

(1)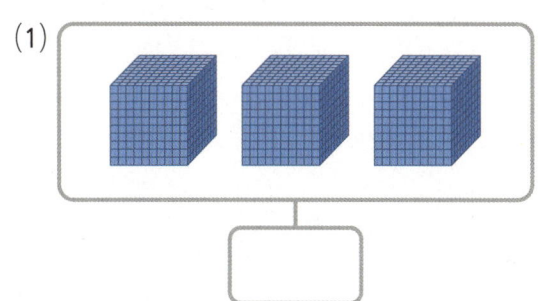

(2)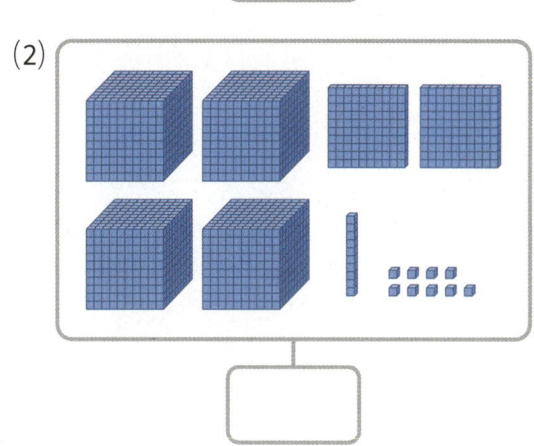

7 빈 곳에 알맞은 수나 말을 쓰세요.

(1) 8543

(2) 오천사백이십팔

(3) 1607

(4) 삼천팔백이십

8 십의 자리 숫자가 6인 수는 어느 것일까요? (　　　)

① 3416　② 1635
③ 6004　④ 7269
⑤ 5276

9 숫자 5가 500을 나타내는 수를 모두 찾아 색칠하세요.

10 승준이의 저금통에는 1000원짜리 지폐 2장과 100원짜리 동전 40개가 들어 있습니다. 저금통에 들어 있는 돈은 모두 얼마일까요?

(　　　　)원

꼭공 국어 수학
12~22

글에서 **설명**하는 대상은 뭘까?
글의 중심 내용을 찾아봐!

천의 자리 수가 클수록 더 큰 수!
네 자리 수끼리
크기를 비교해 봐!

학습 계획표

	꼭공 내용	꼭공 능력					공부한 날
12	연을 날려 보자	어휘	맞춤법	문장	독해	글쓰기	/
13	크게 뛰고, 작게 뛰고!	개념	연산	문장제	문제해결	추론	/
14	설명하는 글을 써요	어휘	맞춤법	문장	독해	글쓰기	/
15	둘 중 더 큰 수는?	개념	연산	문장제	문제해결	추론	/
16	낮은 밝고 밤은 어두워	어휘	맞춤법	문장	독해	글쓰기	/
17	가장 큰 수, 가장 작은 수	개념	연산	문장제	문제해결	추론	/
18	인형을 안고 의자에 앉고	어휘	맞춤법	문장	독해	글쓰기	/
19	수 카드로 네 자리 수를 만들면?	개념	연산	문장제	문제해결	추론	/
20	문장 부호를 어떻게 쓸까?	어휘	맞춤법	문장	독해	글쓰기	/
21	잊어버린 비밀번호를 찾아라	개념	연산	문장제	문제해결	추론	/
22	꼭공 복습		국어		수학		/

연을 날려 보자

1 중심 내용이 무엇인지 생각하며 글을 읽어 보세요.

연날리기는 바람을 이용해 연을 하늘에 띄우며 노는 민속놀이입니다. 종이에 가는 대나무 가지를 붙여 연을 만들고, 얼레에 감은 실을 연결하여 연을 날립니다. 예로부터 겨울철에 많이 했는데, 특히 정월 대보름에 연을 띄워 복을 빌고 나쁜 운을 물리치기를 빌었습니다. 그리고 누가 연을 더 높이 날리는지 겨루기도 하고, 상대의 연줄을 먼저 끊으려고 다투는 연싸움을 즐기기도 했습니다. 연날리기는 우리나라뿐만 아니라 전 세계에서 즐기는 놀이지만, 나라마다 연의 모양은 조금씩 다릅니다.

우리나라의 대표적인 연은 방패연입니다. 방패연은 직사각형 모양으로, 연의 가운데에 방구멍을 내는 것이 특징입니다. 방구멍이란 연의 한복판에 둥글게 뚫은 구멍을 일컫습니다. 이렇게 구멍이 뚫린 연은 방패연이 유일합니다. 이 구멍은 바람의 저항을 줄여 줍니다. 그래서 거센 바람에도 줄이 끊어지거나 연이 부서지지 않고 오래 날 수 있습니다. 바람이 약할 때는 방구멍을 통과하는 공기가 연을 밀어 올려 연이 떠오르는 것을 도와줍니다. 또한 연을 좀 더 쉽게 조종할 수 있게 하여 연싸움에도 유리합니다.

이 밖에도 마름모 모양에 긴 꼬리가 달린 가오리연이 있습니다. 가오리연은 만들기 쉽고 띄우기도 쉬워 어린이들이 많이 가지고 놀았습니다. 저마다의 색다른 아이디어와 개성을 살려 새, 동물, 꽃 등 재미있는 모양으로 만든 다양한 창작 연도 있습니다.

연날리기를 보거나 직접 해 본 경험이 있는지 이야기를 나누어 보세요.
그리고 제기차기, 윷놀이 등 다른 민속놀이에 대해서도 알아보세요.

2 글을 읽고 물음에 답하세요.

● 바람으로 연을 하늘에 띄우며 노는 민속놀이는 무엇인가요? (　　　　　　　)

● 우리나라의 대표적인 연은 무엇인가요? (　　　　　　　)

● 방패연에 대한 설명으로 알맞지 <u>않은</u> 것은 무엇인가요?

| 직사각형 모양이다. | 연의 가운데에 방구멍이 있다. | 다른 나라에서도 흔히 볼 수 있는 모양이다. |

3 빈칸에 알맞은 말을 보기 에서 찾아 글의 중심 내용을 정리해 보세요.

보기
얼레　　바람　　방구멍　　겨울철　　가오리연

놀이 설명	• 연날리기는 (　　　　　　)(으)로 연을 하늘에 띄우며 노는 민속놀이이다. • (　　　　　　)에 감은 실과 연결해 연을 날린다. • 주로 (　　　　　　)에 많이 한다.
우리나라의 대표적인 연	• 우리나라의 대표적인 연은 방패연이다. • 직사각형 모양으로, 연의 가운데에 (　　　　　　)을/를 낸다. • 방구멍은 거센 바람에 줄이 끊어지거나 연이 부서지지 않게 하고, 바람이 약할 때는 연을 밀어 올려 띄워 준다.
여러 가지 연	• (　　　　　　)은/는 마름모 모양에 꼬리가 달린 연이다. • 색다른 아이디어와 개성을 살린 창작 연이 있다.

13 크게 뛰고, 작게 뛰고!

수학

1000씩 뛰어서 세면 천의 자리 숫자가 1씩 커집니다.	1111 – 2111 – 3111
100씩 뛰어서 세면 백의 자리 숫자가 1씩 커집니다.	1111 – 1211 – 1311
10씩 뛰어서 세면 십의 자리 숫자가 1씩 커집니다.	1111 – 1121 – 1131
1씩 뛰어서 세면 일의 자리 숫자가 1씩 커집니다.	1111 – 1112 – 1113

1 기차의 빈칸에 알맞은 수를 쓰고, 규칙을 찾아보세요.

4350 – 4450 – 4550 – 4650 – ☐ – 4850

규칙 ▶ **백** 의 자리 숫자가 1씩 커지므로 ☐ 씩 뛰어 세었습니다.

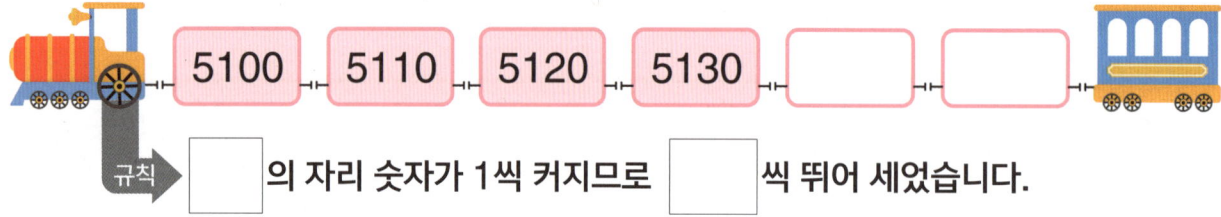

5100 – 5110 – 5120 – 5130 – ☐ – ☐

규칙 ▶ ☐ 의 자리 숫자가 1씩 커지므로 ☐ 씩 뛰어 세었습니다.

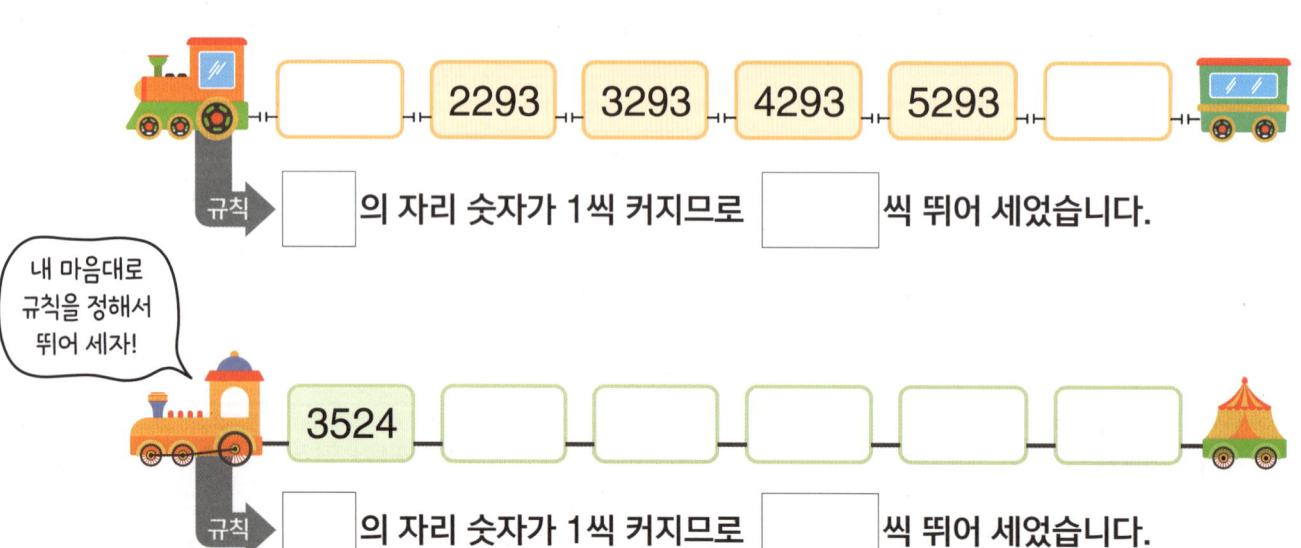

☐ – 2293 – 3293 – 4293 – 5293 – ☐

규칙 ▶ ☐ 의 자리 숫자가 1씩 커지므로 ☐ 씩 뛰어 세었습니다.

내 마음대로 규칙을 정해서 뛰어 세자!

3524 – ☐ – ☐ – ☐ – ☐ – ☐

규칙 ▶ ☐ 의 자리 숫자가 1씩 커지므로 ☐ 씩 뛰어 세었습니다.

2 동물 친구들이 뛰어 센 수를 찾아보세요.

나는 6500에서 출발해!
100씩 세 번 뛰어 셀 거야.

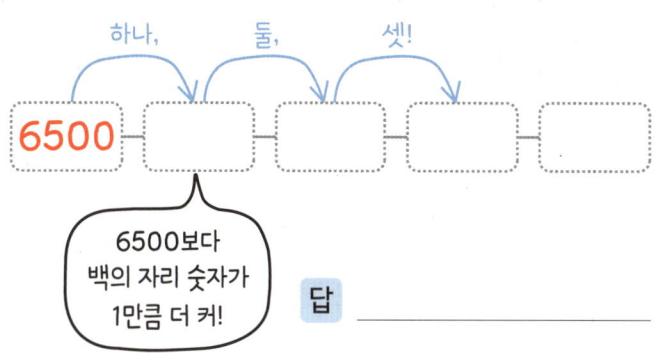

6500보다 백의 자리 숫자가 1만큼 더 커!

답 _____

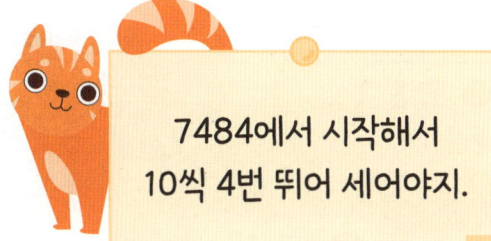

7484에서 시작해서
10씩 4번 뛰어 세어야지.

답 _____

나는 2060에서
1000씩 3번
뛰어 셀 거야.

답 _____

거꾸로 뛰어 셀수록
수는 점점 작아져.

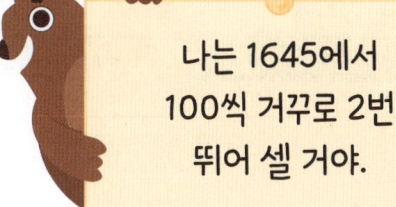

나는 1645에서
100씩 거꾸로 2번
뛰어 셀 거야.

답 _____

14 설명하는 글을 써요

국어

설명하는 글을 쓸 때는?

글에서 설명하는 물건이나 사람 따위를 **대상**이라고 해요.

- 설명하려는 대상 정하기 → 대상의 특징 생각하기 → 듣거나 읽을 사람이 궁금해할 내용 생각하기
- 대상의 특징을 설명할 때는 **색, 모양, 크기, 냄새, 맛, 사용 방법, 주의할 점** 등을 떠올려요. 상대방이 잘 알 수 있도록 특징이 잘 드러나게 자세히 써야 해요.

1 친구가 설명하는 대상은 무엇일까요? 친구와 길을 따라가며 설명을 읽고 답을 맞혀 보세요.

- 다섯 가지 힌트를 줄게.
- ❶ 이것은 동물이야.
- ❷ 몸의 색은 흰색, 검정색이 섞여 있어.
- ❸ 이름은 두 글자야.
- ❹ 즐겨 먹는 먹이는 죽순과 대나무야.
- ❺ 눈 주변에 검정색 테두리가 있어.

'죽순'은 대나무의 어린 싹이야.

무엇에 대한 설명일까?

➡ 🧒가 설명하는 대상은 _____ 입니다.

2 자신이 좋아하는 동물을 골라 대상의 이름과 특징을 정리해 보세요.

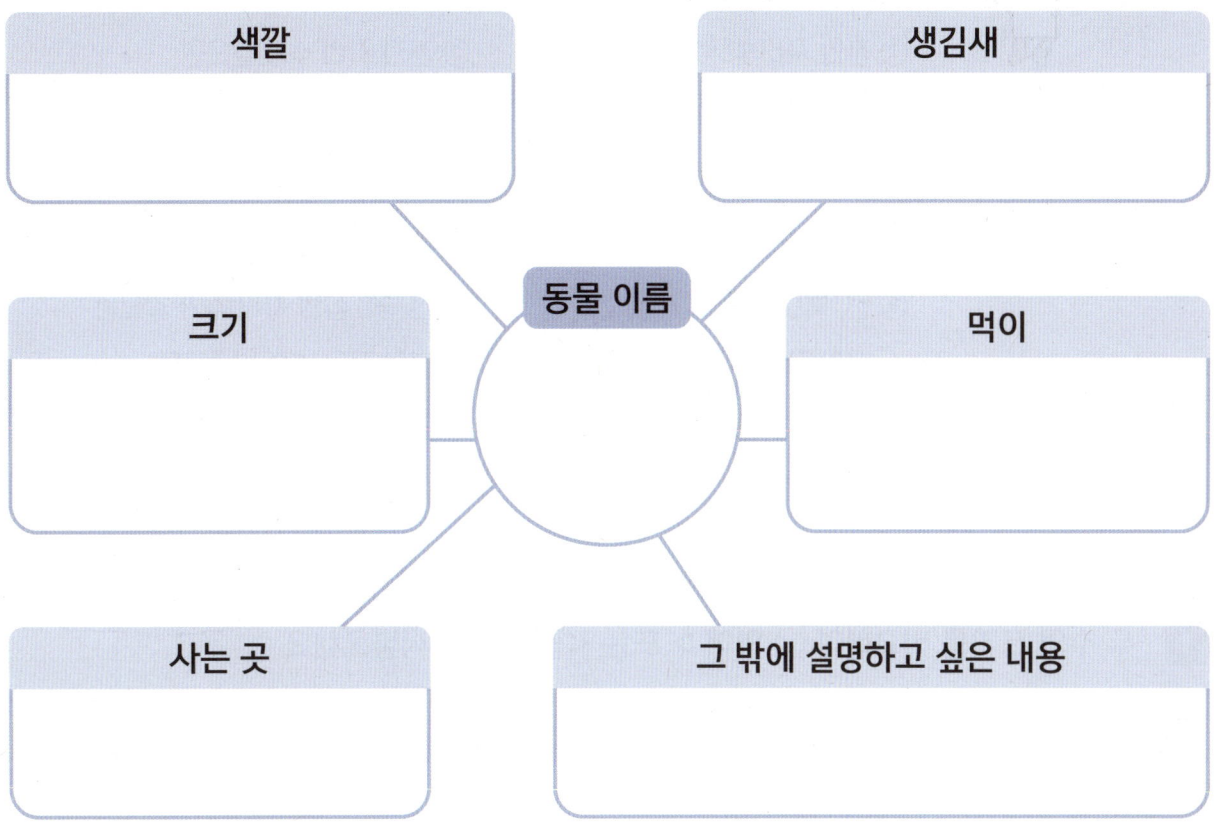

3 정리한 내용을 바탕으로 대상을 설명하는 짧은 글을 쓰세요.

15 둘 중 더 큰 수는?

네 자리 수의 크기를 비교할 때는?

① 천의 자리부터 비교해요.
2659 < 3534

② 천의 자리 수가 같으면 백의 자리 수를 비교해요.
7891 > 7476

③ 천, 백의 자리 수가 같으면 십의 자리 수를 비교해요.
4087 > 4036

④ 천, 백, 십의 자리 수가 같으면 일의 자리 수를 비교해요.
3251 < 3259

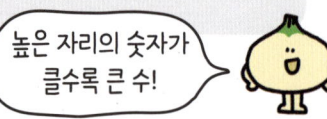
높은 자리의 숫자가 클수록 큰 수!

1 두 수의 크기를 비교하여 ○ 안에 > 또는 <를 알맞게 써넣으세요.

3596 ○ 5107   2460 ○ 2907

4184 ○ 4163   7895 ○ 7899

8250 ○ 8518   6090 ○ 6031

7643 ○ 7649   9871 ○ 8447

1683 ○ 1312   5287 ○ 5286

두 수의 자릿수가 서로 다르면 앞에서부터 숫자만 비교하는 실수를 하는 경우가 많습니다. 자릿수가 서로 다르면 자릿수가 더 많은 수가 항상 더 크다는 사실을 짚어 주세요.

2 문제를 잘 읽고 답을 구하세요.

은하네 학교의 학생 수는 2069명이고, 준경이네 학교의 학생 수는 2370명입니다. 누구네 학교의 학생이 더 많을까요?

답 _____

문구점에 파란색 구슬은 1295개 있고, 노란색 구슬은 254개 있습니다. 더 적은 구슬은 무슨 색 구슬일까요?

답 _____

어느 서점에서 동화책은 8700원에 팔고, 만화책은 5900원에 팝니다. 서점에서 더 비싸게 팔고 있는 책은 무엇일까요?

답 _____

국기 게양대의 높이는 2135 cm이고, 전봇대의 높이는 2138 cm입니다. 국기 게양대와 전봇대 중에서 높이가 더 낮은 것은 무엇일까요?

답 _____

16 국어 낮은 밝고 밤은 어두워

1 주어진 낱말과 반대되는 뜻을 가진 낱말에 ○ 하고, 빈칸에 쓰세요.

예				
크다 ↔	없다	(작다)	예쁘다	작다
적다 ↔	많다	좁다	아프다	
좁다 ↔	길다	짧다	넓다	
길다 ↔	많다	적다	짧다	
좋다 ↔	좁다	싫다	멋지다	
묶다 ↔	물다	풀다	매다	
오르다 ↔	내리다	달리다	멈추다	
가다 ↔	줄다	오다	환하다	
밝다 ↔	자다	깨다	어둡다	
질기다 ↔	질다	연하다	억세다	
가지런히 ↔	나란히	잠잠히	들쭉날쭉	

2 빈칸에 반대말을 넣어 문장을 완성하세요.

깨끗하다 / 지저분하다

예) <u>깨끗한</u> 책상이 금방 <u>지저분해졌다</u>.

얇다 / 두껍다

_____ 책도 읽고,
_____ 책도 읽는다.

자다 / 깨다

밤 9시에 _____,
아침 6시에 _____.

뜨겁다 / 차갑다

엄마는 _____ 차를,
나는 _____ 음료를 마신다.

같다 / 다르다

왼쪽 양말은 모양이 _____,
오른쪽 양말은 모양이 _____.

맞다 / 틀리다

반장의 답은 _____,
내 답은 _____.

17 가장 큰 수, 가장 작은 수

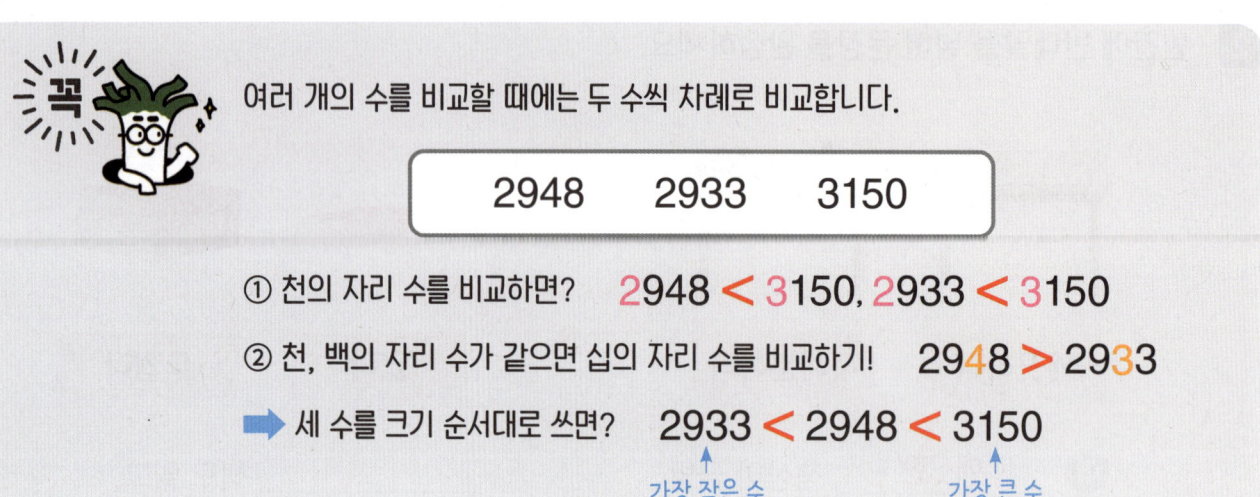

여러 개의 수를 비교할 때에는 두 수씩 차례로 비교합니다.

2948   2933   3150

① 천의 자리 수를 비교하면?   2948 < 3150, 2933 < 3150
② 천, 백의 자리 수가 같으면 십의 자리 수를 비교하기!   2948 > 2933
➡ 세 수를 크기 순서대로 쓰면?   2933 < 2948 < 3150
                                  가장 작은 수   가장 큰 수

1 세 수의 크기를 비교하여 가장 큰 수에 ○를, 가장 작은 수에 △를 하세요.

예) 6000   5000   3000

4500   4800   4100

8160   1735   2946

3258   3279   3293

1321   1329   1324

5390   5241   4282

7546   5096   7954

9143   6819   6927

꼭공능력 | 개념 | 연산 | 문장제 | 문제해결 | 추론

2 먼저 일어난 일부터 순서대로 1부터 4까지 □ 안에 알맞게 써넣으세요.

에디슨의 발명품!
먼저 발명한 것부터 1을 써요.

| 1 축음기 1877년 | □ 축전지 1909년 |
| □ 영사기 1889년 | □ 백열전구 1879년 |

올림픽은 4년마다 열려요.
가장 먼저 열렸던 곳은 어디일까요?

| □ 파리 2024년 | □ 베이징 2008년 |
| □ 리우 2016년 | □ 도쿄 2020년 |

우리나라 조선의 역사입니다.
어떤 일이 가장 먼저 일어났을까요?

| □ 조선 건국 1392년 | □ 명량해전 1597년 |
| □ 훈민정음 창제 1443년 | □ 행주대첩 1593년 |

나의 역사를 조사하고,
순서를 찾아 쓰세요.

| □ 입학식 _____년 | □ 태어난 해 _____년 |
| □ 부모님 결혼 _____년 | □ 앞니 빠진 해 _____년 |

똑같은 해라면 몇 월인지 생각해서 순서를 매겨요!

18 인형을 안고 의자에 앉고

1 그림과 어울리는 낱말을 찾아 선으로 잇고, 따라 쓰세요.

| 안다 | 앉다 | 짖다 | 짓다 |

| 살다 | 삶다 | 없다 | 업다 |

2 알맞은 낱말을 골라 따라 쓰면서 문장을 완성하세요.

서점에 사람이 만다 / 많다.

고양이가 혀로 핥다 / 할다.

3 꿀벌의 말을 읽고 알맞은 낱말에 ○ 하세요.

의자에 바른 자세로 (안아야지 , **앉아야지**).

튼튼한 벽돌로 이층집을 (짓고 , 짖고) 있어.

할머니가 보내 주신 고구마를 (삼았어 , 삶았어).

교통 카드를 (이러버려서 , **잃어버려서**) 당황했어.

맛있어서 바닥까지 싹싹 (할아 , 핥아) 먹었지 뭐야.

마당에 떨어진 낙엽을 갈퀴로 (글어 , 긁어) 모았어.

설탕은 넣지 (않았어 , 안았어)!

19 수학

수 카드로 네 자리 수를 만들면?

1. 수 카드 4장으로 네 자리 수를 만들려고 해요.
수 카드를 한 번씩만 사용하여 친구들이 말하는 네 자리 수를 만들어 보세요.

가장 큰 네 자리 수를 만들자!

↑ 천의 자리에 가장 큰 수가 들어가야 해!

백의 자리 숫자가 4인 가장 큰 네 자리 수를 만들 거야!

↑ 백의 자리에 4를 먼저 쓴 후 생각해 보자.

가장 작은 네 자리 수는 뭐야?

↑ 천의 자리에 가장 작은 수 카드를 넣자.

십의 자리 숫자가 8인 가장 작은 네 자리 수를 만들자!

↑ 십의 자리에는 수 카드 8을 넣어야지!

2 이번에는 수 카드 4장 중에 0이 써 있는 수 카드가 있어요.
수 카드를 한 번씩만 사용하여 친구들이 말하는 네 자리 수를 만들어 보세요.

> **TIP TALK**
> 네 자리 수를 만들 때 맨 앞에 0이 올 수 없다는 사실을 짚어 주세요. 특히 가장 작은 수를 0379라고 쓰지 않도록 주의해야 합니다. 가장 작은 수를 만들 때에는 0 다음으로 작은 수인 3을 천의 자리에 놓아야 한다고 알려 주세요.

가장 큰 네 자리 수를 만들어 볼까?

일의 자리 숫자가 7인 가장 큰 네 자리 수를 만들자.

가장 작은 네 자리 수는 뭐지?

↑ 천의 자리에 가장 작은 수 카드! 그렇지만 0은 맨 앞에 올 수 없어.

백의 자리 숫자가 3인 가장 작은 네 자리 수를 만들 거야!

20 문장 부호를 어떻게 쓸까?

1 다음을 읽고 문장 부호와 그 쓰임을 알아보세요.

난 **마침표**야.
어떤 내용을 설명하는 문장, 무엇을 같이 하자고 하거나 시키는 문장 끝에 써.

이것은 문장 부호입니다 .

난 **쉼표**야.
사람을 부르거나 대답할 때, 여러 가지 이름이나 물건이 나올 때 쓰지.

귤 , 감 , 배가 있다.

난 **물음표**야.
묻는 문장 끝에 써.

문장 부호가 뭐야 ?

난 **느낌표**야!
느낌을 나타내는 문장 끝에 써.

아하, 그렇구나 !

난 **큰따옴표**야.
인물이 소리 내어 한 말을 나타낼 때 써.

" 안녕! " 하고 말했다.

난 **작은따옴표**야.
인물이 마음속으로 한 말을 나타낼 때 써.

' 좋아! ' 라고 생각했다.

2 다음 글을 따라 쓰면서 알맞은 문장 부호를 써넣고, 물음에 답하세요.

	호	랑	이	가		말	했	다		
	"	어	흥			떡		하	나	주
면		안		잡	아	먹	지	.	"	
	할	머	니	는		생	각	했	다	.
	'	과	연		호	랑	이	가		약	속
을		지	킬	까			'			
	할	머	니	는		의	심	스	러	웠	지
만		떡	은		물	론		마	늘	,	고
추			감	도		꺼	내		보	였	다	.

- 설명하는 문장 끝에 쓰는 문장 부호는? ( )

- 호랑이가 한 말의 시작 부분에 쓰는 문장 부호는? ( )

- 느낌을 나타내는 문장 끝에 쓰는 문장 부호는? ( )

- 할머니가 한 생각의 끝부분에 쓰는 문장 부호는? ( )

- 여러 가지 물건을 늘어놓을 때 쓰는 문장 부호는? ( )

21 잊어버린 비밀번호를 찾아라

1 네 자리 수로 된 비밀번호를 찾으려고 합니다. 종이를 보고 빈 곳에 알맞은 수를 쓰세요.

☐ ☐ ☐ ☐

- 4000보다 크고 5000보다 작습니다.
- 백의 자리 숫자는 7보다 크고 9보다 작습니다.
- 십의 자리 숫자는 일의 자리 숫자와 같습니다.
- 일의 자리 숫자는 6입니다.

☐ ☐ ☐ ☐

- 2000보다 작은 네 자리 수입니다.
- 백의 자리 숫자는 0입니다.
- 십의 자리 숫자는 0보다 크고 2보다 작습니다.
- 일의 자리 숫자는 8보다 큽니다.

| 꼭공능력 | 개념 | 연산 | 문장제 | 문제해결 | 추론 |

- 9000보다 큰 네 자리 수입니다.
- 백의 자리 숫자는 4와 6 사이의 수입니다.
- 십의 자리 숫자는 백의 자리 숫자와 같습니다.
- 일의 자리 숫자는 4입니다.

2 내 마음대로 네 자리 수로 된 비밀번호를 쓰고, 힌트를 만들어 보세요.

-
-
-
-

22 종합 — 꼭공 복습

★ 글을 읽고 물음에 답하세요. [1-4]

> 나는 소금빵을 ㉠좋아해. 소금빵은 크루아상처럼 초승달 모양이지만 그보다 조금 ㉡작고, 황금색이야. 겉은 소금이 뿌려져 있어 짭짤하고, 속은 고소한 버터 맛이 나.
> 나는 원래 ㉢빵을 만이 먹지 안았는데, 소금빵은 종종 먹게 되었어. 간단히 먹기 좋고 우유랑도 잘 어울려서 좋아.

1 이 글에서 설명하는 대상이 무엇인지 쓰세요.

(   )

2 이 글에서 설명하는 대상의 특징을 모두 찾아 ○ 하세요.

| 색 | 맛 | 모양 |
| 크기 | 가격 | 주의점 |

3 ㉠과 ㉡의 반대말을 쓰세요.

좋아해 ↔ ☐☐☐

작고 ↔ ☐☐

4 받침에 유의해서 ㉢을 바르게 고쳐 쓰세요.

_____

5 빈칸에 알맞은 문장 부호를 쓰세요.

> 친구가 물었다.
> ☐ 무슨 빵 좋아해 ☐ ”
> 내가 대답했다.
> "나는 소금빵을 좋아해."

6 수를 뛰어 세어 빈 곳에 알맞은 수를 써넣으세요.

(1)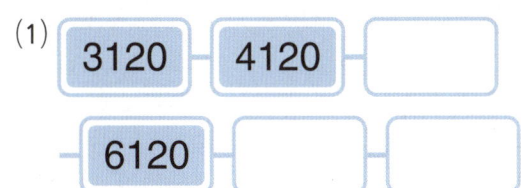

(2)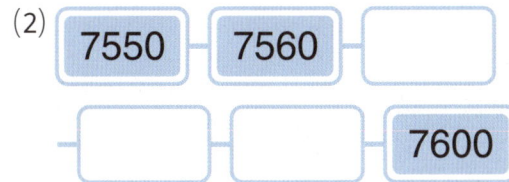

(3)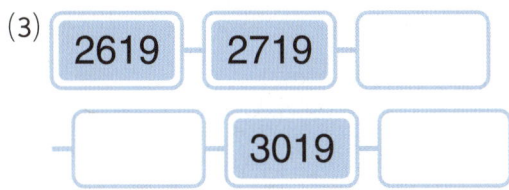

7 두 수의 크기를 비교하여 ○ 안에 > 또는 <를 알맞게 써넣으세요.

(1) 6795 ○ 3252

(2) 9143 ○ 9180

(3) 4791 ○ 4687

(4) 2759 ○ 2864

8 더 큰 수를 찾아 기호를 쓰세요.

> ㉠ 1000이 5개, 10이 75개인 수
> ㉡ 5712에서 10씩 2번 뛰어 센 수

( )

9 수 카드 4장을 한 번씩만 사용하여 만들 수 있는 가장 큰 수와 가장 작은 수를 구하세요.

가장 큰 수 ( )
가장 작은 수 ( )

10 다음을 만족하는 수를 구하세요.

- 5000과 6000 사이의 수입니다.
- 백의 자리 숫자는 6입니다.
- 십의 자리 숫자는 백의 자리 숫자보다 1만큼 더 큽니다.
- 일의 자리 숫자는 4보다 크고 6보다 작습니다.

( )

꼭공 국어 수학

23~33

곱셈구구 완전 정복!
이제 곱셈구구를 외워야 할 때야.

"잘 풀고 있니?"는 묻는 문장이야.
문장의 종류를 알아보자.

· 학습 계획표 ·

꼭공 내용	꼭공 능력	공부한 날
23 문장의 종류	어휘 / 맞춤법 / **문장** / 독해 / **글쓰기**	/
24 2단, 5단 곱셈구구	**개념** / **연산** / **문장제** / 문제해결 / 추론	/
25 그리고, 그러나, 그래서	**어휘** / 맞춤법 / **문장** / 독해 / 글쓰기	/
26 3단, 6단 곱셈구구	**개념** / **연산** / **문장제** / 문제해결 / 추론	/
27 마음을 담은 편지	어휘 / 맞춤법 / **문장** / **독해** / 글쓰기	/
28 4단, 8단 곱셈구구	**개념** / **연산** / **문장제** / 문제해결 / 추론	/
29 양초 도깨비	어휘 / 맞춤법 / 문장 / **독해** / 글쓰기	/
30 7단, 9단 곱셈구구	**개념** / **연산** / **문장제** / 문제해결 / 추론	/
31 이야기 속 인물에게	어휘 / 맞춤법 / 문장 / **독해** / **글쓰기**	/
32 곱셈구구의 비밀	개념 / **연산** / 문장제 / **문제해결** / 추론	/
33 꼭공 복습	**국어** / **수학**	/

문장의 종류

문장의 종류를 알아볼까요?

• **설명하는 문장**
무엇을 설명하거나 생각을 나타낼 때 써요. 문장 끝에 마침표가 붙어요.

• **묻는 문장**
무엇인가를 물어볼 때 써요. 문장 끝에 물음표가 붙어요.

• **감탄하는 문장**
기쁨, 슬픔, 놀람처럼 강한 느낌을 나타낼 때 써요. 문장 끝에 느낌표가 붙어요.

(예) 성우가 공을 찼다.
→ 설명하는 문장
(예) 성우가 공을 찼니?
→ 묻는 문장
(예) 성우가 공을 찼구나!
→ 감탄하는 문장

1 말풍선 속 문장의 종류는 무엇일까요? 문장의 종류에 맞게 빈칸에 알맞은 기호를 쓰세요.

설명하는 문장: ●   묻는 문장: ▲   감탄하는 문장: ■

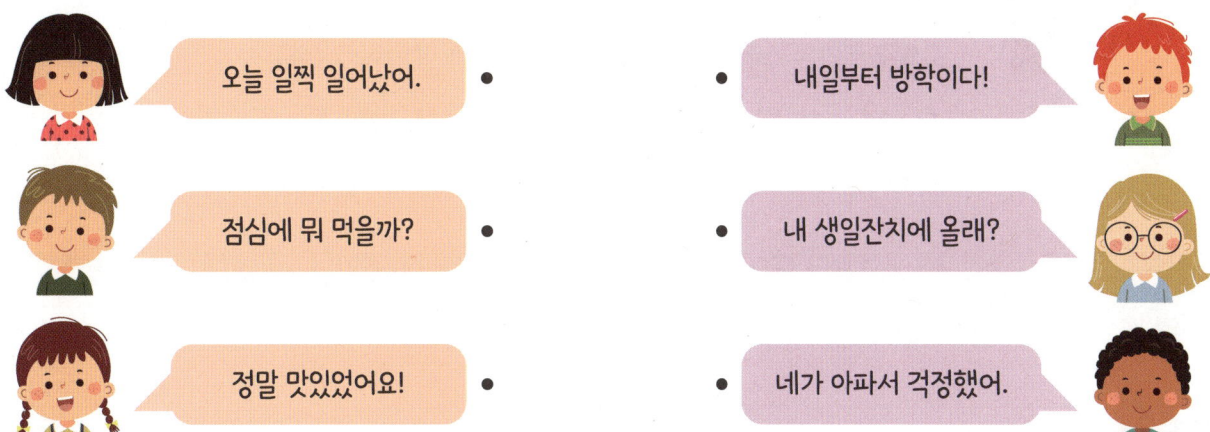

2 친구가 말한 문장의 종류가 같은 것끼리 선으로 이으세요.

오늘 일찍 일어났어. • • 내일부터 방학이다!

점심에 뭐 먹을까? • • 내 생일잔치에 올래?

정말 맛있었어요! • • 네가 아파서 걱정했어.

3 다음 문장을 쓴 까닭으로 알맞은 것에 색칠하세요.

제일 가까운 지하철역은 어디에 있나요?

| 지하철역의 위치를 물어보려고 | 지하철역의 위치를 알려 주려고 | 지하철 요금이 얼마인지 물어보려고 |

이렇게 선물까지 주다니 정말 기쁘고 놀랐어!

| 어떤 선물을 받으면 기쁠지 물어보려고 | 선물을 받아 기쁘고 놀란 느낌을 표현하려고 | 선물을 주며 기쁘고 놀란 느낌을 표현하려고 |

4 다음과 같은 종류의 문장을 하나씩 만들어 보세요.

| 설명하는 문장 | |

| 감탄하는 문장 | |

24 2단, 5단 곱셈구구

곱셈은 반복하는 덧셈!

곱셈은 똑같은 수를 몇 번 더하는지 간단하게 표현한 거예요.

2×4 ➡ $2+2+2+2$　　5×3 ➡ $5+5+5$
2 곱하기 4　　2를 4번 더하기　　5 곱하기 3　　5를 3번 더하기

●에 1부터 9까지 곱하는 곱셈식을 모두 모아서 ●단 곱셈구구라고 불러요.

1 곱셈구구를 완성하세요.

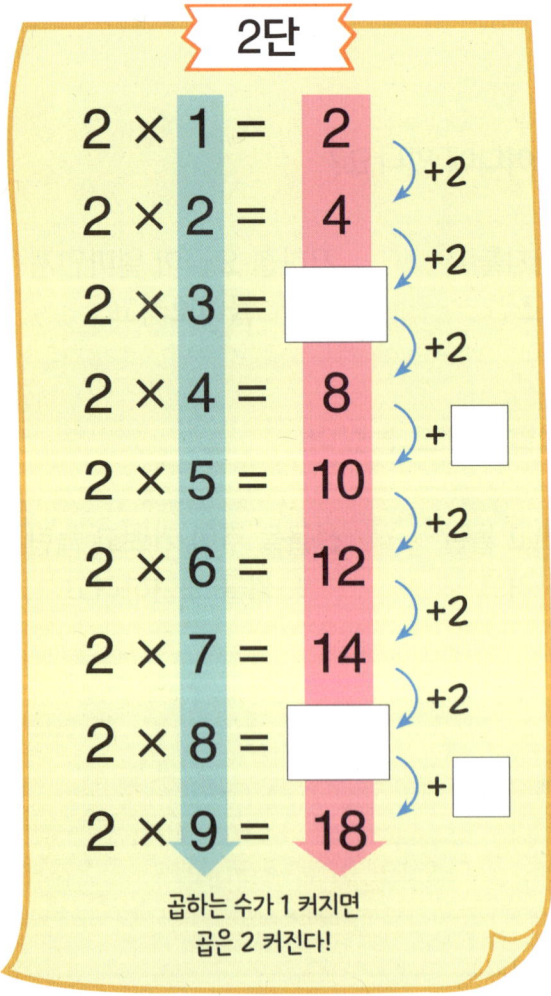

2단

$2 \times 1 = 2$
$2 \times 2 = 4$　+2
$2 \times 3 = \square$　+2
$2 \times 4 = 8$　+2
$2 \times 5 = 10$　+$\square$
$2 \times 6 = 12$　+2
$2 \times 7 = 14$　+2
$2 \times 8 = \square$　+2
$2 \times 9 = 18$　+$\square$

곱하는 수가 1 커지면
곱은 2 커진다!

5단

$5 \times 1 = 5$
$5 \times 2 = \square$　+5
$5 \times 3 = 15$
$5 \times 4 = 20$
$5 \times 5 = \square$
$5 \times 6 = \square$
$5 \times 7 = 35$
$5 \times 8 = 40$　+$\square$
$5 \times 9 = \square$

곱하는 수가 1 커지면
곱은 5 커진다!

2 2단, 5단 곱셈구구를 외워 □ 안에 알맞은 수를 써넣으세요.

2×3= ☐   5×9= ☐   2×☐=12
2×8= ☐   5×6= ☐   2×☐=8
2×1= ☐   5×2= ☐   2×☐=18
2×4= ☐   5×3= ☐   2×☐=6
2×5= ☐   5×1= ☐   2×☐=4
2×9= ☐   5×5= ☐   5×☐=25
2×7= ☐   5×8= ☐   5×☐=35
2×6= ☐   5×4= ☐   5×☐=40
2×2= ☐   5×7= ☐   5×☐=5

곱셈은 같은 수를 여러 번 묶어 세는 것과 같습니다. 곱셈 원리와 곱셈구구를 활용하면 문장제도 쉽고 빠르게 해결할 수 있습니다.

3 구슬은 모두 몇 개인지 곱셈식으로 나타내고, 답을 구하세요.

5개씩 6줄

➡ 5×☐=☐

답 _____ 개

25 그리고, 그러나, 그래서

이어 주는 말은 문장과 문장의 내용을 자연스럽게 연결해 주는 말이에요.
- **그리고**: 앞의 문장에 덧붙이는 내용이 이어질 때 써요.
- **그러나**: 앞의 문장과 서로 반대되는 내용이 이어질 때 써요.
- **그래서**: 앞과 뒤의 문장이 원인과 결과의 관계일 때 써요.

1 그림을 보고 두 문장 사이에 들어갈 이어 주는 말을 따라 쓰세요.

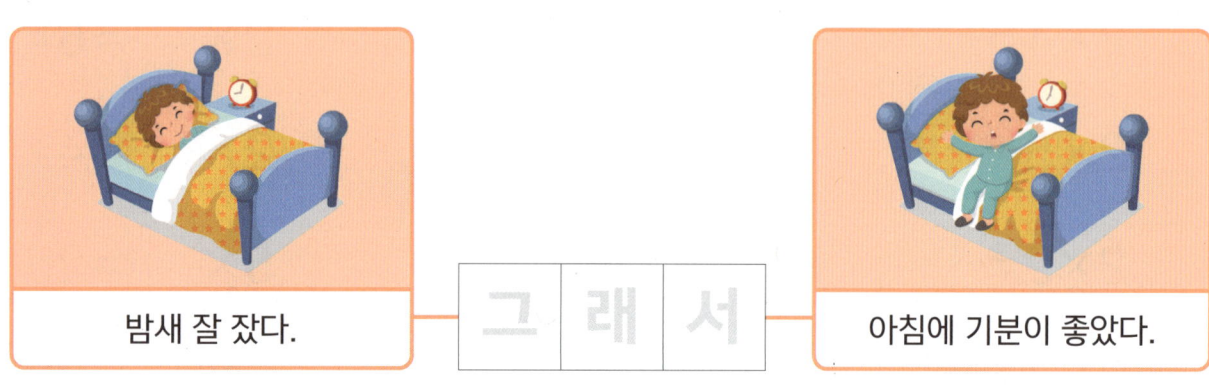

밤새 잘 잤다. — 그래서 — 아침에 기분이 좋았다.

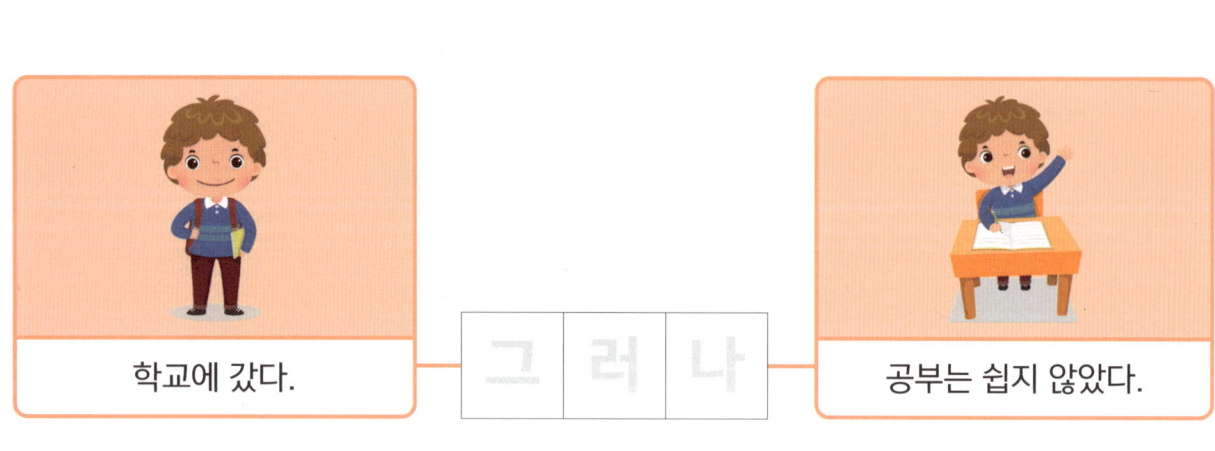

학교에 갔다. — 그러나 — 공부는 쉽지 않았다.

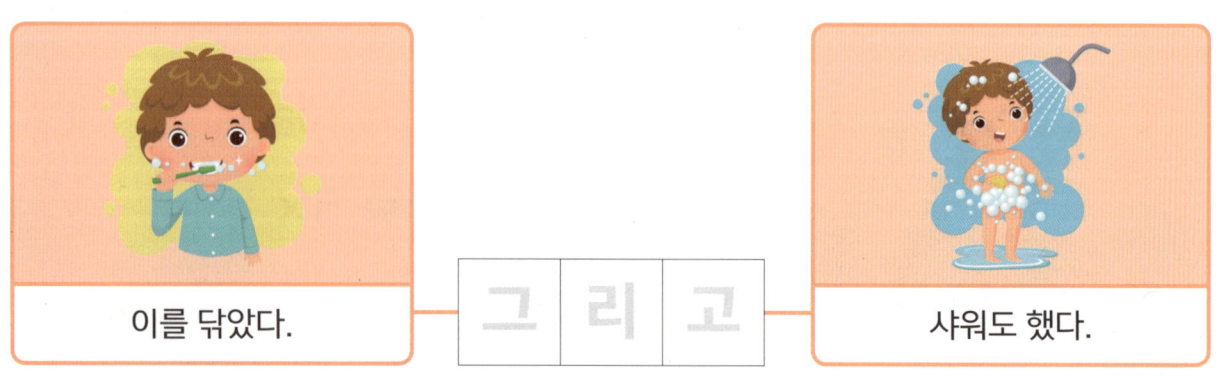

이를 닦았다. — 그리고 — 샤워도 했다.

2 다음 문장을 읽고, 이어 주는 말을 활용해 두 문장으로 나누어 쓰세요.

바람이 불고 비가 내렸어요.

'불고'는 '불다'와 '그리고'가 합쳐진 말이야.

➡ 예) 바람이 불었어요. 그리고 비가 내렸어요.

비가 내려서 우산을 썼어요.

➡ 비가 내렸어요. _____

우산을 썼으나 옷이 다 젖었어요.

➡ 우산을 썼어요. _____

옷이 젖었고 신발도 젖었어요.

➡ 옷이 젖었어요. _____

이제 날씨가 맑아서 산책을 가려고 해요.

➡ 이제 날씨가 맑아요. _____

3단, 6단 곱셈구구

1 곱셈구구를 완성하세요.

3단

3 × 1 = 3
3 × 2 = 6   ) +3
3 × 3 = 9   ) +□
3 × 4 = □   ) +3
3 × 5 = 15   ) +3
3 × 6 = □   ) +□
3 × 7 = 21   ) +3
3 × 8 = □   ) +□
3 × 9 = 27   ) +3

곱하는 수가 1 커지면 곱은 3 커진다!

6단

6 × 1 = 6
6 × 2 = 12   ) +6
6 × 3 = □
6 × 4 = 24
6 × 5 = □   ) +6
6 × 6 = 36
6 × 7 = □
6 × 8 = □
6 × 9 = 54

곱하는 수가 1 커지면 곱은 6 커진다!

2 3단 곱셈구구의 값에는 ○를, 6단 곱셈구구의 값에는 △를 하세요.

1	2	③	4	5	⑥	7	8	9
10	11	12	13	14	15	16	17	18
19	20	21	22	23	24	25	26	27

6단 곱셈구구의 값인데 3단 곱셈구구의 값이기도 하네! 3단을 다 외우면 6단도 쉽게 외울 수 있겠구나.

3 3단, 6단 곱셈구구를 외워 □ 안에 알맞은 수를 써넣으세요.

3×4=	6×1=	6× =30
3×6=	6×3=	6× =36
3×3=	6×9=	6× =12
3×8=	6×4=	6× =42
3×5=	6×2=	6× =24
3×1=	6×6=	3× =27
3×2=	6×5=	3× =3
3×7=	6×7=	3× =12
3×9=	6×8=	3× =18

4 세발자전거의 바퀴는 모두 몇 개인지 곱셈식으로 나타내고, 답을 구하세요.

3개씩 8대

➡ 3× □ = □

답 _____ 개

27 국어 마음을 담은 편지

편지는 안부를 묻거나 소식을 전하려고 또는 마음을 전하려고 상대에게 보내는 글이에요. 예전에는 우표를 붙여서 우체국을 통해 편지를 보냈어요. 요즈음에는 이메일로 간편하게 보내는 일이 많지만, 특별한 일이 있을 때는 손 편지를 쓰기도 해요.

- 편지의 형식

받는 사람 — 첫인사 — 전하고 싶은 말 — 끝인사 — 쓴 날짜 — 쓴 사람

1 어떤 마음을 담았는지 생각하며 다음 편지를 읽어 보세요.

김명은 선생님께

선생님, 안녕하세요? 저 2학년 1반 정은우예요.

선생님 생신을 진심으로 축하드려요. 오늘 행복한 하루가 되었으면 좋겠어요.

올해 선생님의 반이 되어서 참 좋아요! 언제나 따뜻하게 말씀해 주시고 관심 가져 주셔서 고맙습니다. 수업도 재미있게 가르쳐 주셔서 이해가 잘돼요. 제가 질문이 너무 많지요? 선생님 덕분에 공부에 흥미가 생겨서 궁금한 게 많아졌어요. 앞으로도 선생님과 함께 즐거운 학교생활을 하고 싶어요.

다시 한번 생신 축하드려요. 늘 건강하세요.

그럼 안녕히 계세요.

20○○년 ○월 ○일

은우 올림

TIPTALK
편지의 형식에 따라 받는 사람, 첫인사, 전하고 싶은 말, 끝인사, 쓴 날짜, 쓴 사람으로 글을 나누어 보세요.

 윗사람에게 쓸 때는 '○○ 올림'이라고 하고, 친구나 아랫사람에게는 '○○ 씀', '○○ 보냄' 등으로 쓰면 돼.

꼭 공부할 능력: 어휘 | 맞춤법 | **문장** | **독해** | 글쓰기

2 글을 읽고 물음에 답하세요.

● 편지를 쓴 사람과 받는 사람은 누구인가요?

쓴 사람: (   )   받는 사람: (   )

● 편지에 들어가는 내용이 <u>아닌</u> 것은 무엇인가요?

| 첫인사 | 끝인사 | 받는 사람 | 받은 날짜 | 전하고 싶은 말 |

● 밑줄 친 부분은 무엇에 해당하나요?

| 첫인사 | 끝인사 | 쓴 날짜 | 받는 사람 |

● 이 편지에서 전하려는 마음을 모두 찾아 ○ 하세요.

| 고마운 마음 | 그리운 마음 | 섭섭한 마음 | 축하하는 마음 |

3 다음은 편지에 나온 문장들입니다. 보기 에서 문장의 종류를 골라 쓰세요.

보기
묻는 문장   설명하는 문장   감탄하는 문장

| 제가 질문이 너무 많지요? | |

| 올해 선생님의 반이 되어서 참 좋아요! | |

| 선생님과 함께 즐거운 학교생활을 하고 싶어요. | |

2권 67

4단, 8단 곱셈구구

1 곱셈구구를 완성하세요.

2 8단 곱셈구구의 순서대로 수를 따라 이어서 그림을 완성하세요.

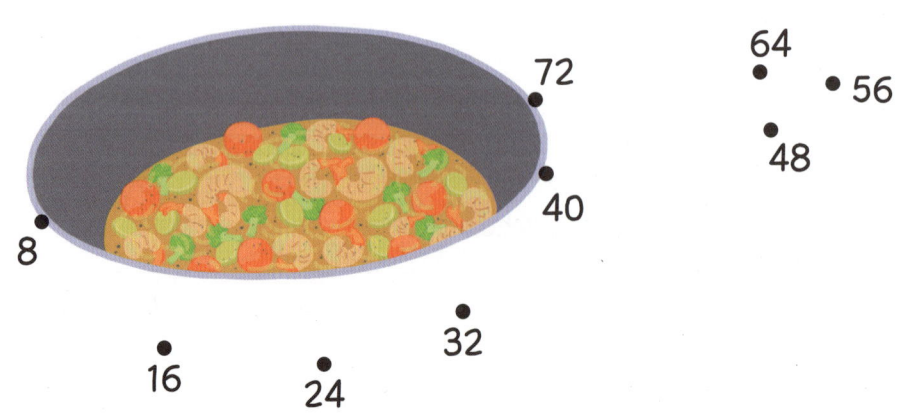

3 4단, 8단 곱셈구구를 외워 □ 안에 알맞은 수를 써넣으세요.

4×2=☐   8×8=☐   4×☐=12

4×5=☐   8×1=☐   4×☐=28

4×4=☐   8×6=☐   4×☐=16

4×8=☐   8×5=☐   4×☐=20

4×7=☐   8×9=☐   8×☐=72

4×3=☐   8×7=☐   8×☐=48

4×1=☐   8×3=☐   8×☐=16

4×9=☐   8×4=☐   8×☐=8

4×6=☐   8×2=☐   8×☐=64

4 주사위의 눈은 모두 몇 개인지 곱셈식으로 나타내고, 답을 구하세요.

4개씩 7묶음

➡ 4×☐=☐

답 _____ 개

양초 도깨비

옛날, 시골에 살던 장 서방이 서울 구경을 갔어요. 서울에는 참 신기한 물건이 많았지요.

"이게 불을 붙이는 양초라고? 마을 사람들에게도 보여 줘야겠구나!"

장 서방은 양초를 잔뜩 사서 돌아왔어요. 마을 사람들이 모여들자 양초를 나누어 주고, 한바탕 이야기보따리도 풀어놓았지요. 장 서방이 자리를 뜨자 집으로 가려던 사람들은 양초를 들고 고개를 갸웃거렸어요.

"그러고 보니 이게 뭐랬지? 뭐 하는 물건인고?"

"요 앞이 훈장님 댁이니, 훈장님께 여쭤보면 어떤가?"

"거참, 좋은 생각일세. 똑똑한 훈장님은 틀림없이 아실 테지."

양초를 본 훈장님은 머리가 아파 왔어요. 무슨 물건인지 도무지 알 수가 없었거든요.

"다들 이것도 모른단 말인가? 흠, 흠, 이건 말이지, 이건…."

고민하던 훈장님은 문득 좋은 생각을 떠올렸지요.

"이건 바로! 뱅어를 말린 거라네! 여기가 주둥이고, 뒤에 난 구멍이 똥구멍이지! 뱅어가 맛도 좋고 몸에도 좋다는데, 어디 한번 먹어 보세!"

훈장님은 당장 양초로 국을 끓였어요. 기름이 둥둥 뜬 국은 맛있는 냄새도 없고 낯설었지만, 몸에 좋다 하니 모두들 질세라 떠먹었지요.

'웩, 이게 무슨 맛이야?'

속이 울렁대는 맛에 모두가 찡그리며 눈치만 보던 그때, 장 서방이 이 광경을 보았어요.

"아이고, 이건 먹는 게 아니오! 이건 불을 붙이는 양초란 말이오!"

장 서방은 대번에 양초에 불을 붙여 보여 주었어요. 활활 타는 불을 보고, 마을 사람들은 고함을 지르며 데굴데굴 굴렀어요.

"아이고, 배야! 내가 저걸 먹었다니!"

"이러다 뱃속에 불이 나면 어떡하지?"

"벌써 불이 붙었는지도 몰라! 어서 불을 꺼야 해!"

다들 부리나케 냇가로 달려가 물에 풍덩 뛰어들었어요.

꼭꼭 능력 | 어휘 | 맞춤법 | 문장 | **독해** | 글쓰기

1 글을 읽고 물음에 답하세요.

● 장 서방이 서울에서 사 온 것은 무엇인가요?　　　(　　　　　　)

● 마을 사람들이 훈장님을 찾아간 까닭은 무엇인가요?

| 양초에 불을 붙이려고 | 서울 이야기를 들려주려고 | 양초의 쓰임새를 물으려고 |

● 훈장님은 양초를 보고 무엇이라고 말했나요?

| 방어 | 북어 | 뱅어 | 오징어 |

2 인물의 말과 행동을 보고 인물의 마음을 짐작해 쓰고, 실감 나게 읽어 보세요.

장 서방	"이게 불을 붙이는 양초라고? 마을 사람들에게도 보여 줘야겠구나!"	예) **기쁘고 들뜸.**
훈장님	양초를 본 훈장님은 머리가 아파 왔어요. "다들 이것도 모른단 말인가? 흠, 흠, 이건 말이지, 이건…."	
장 서방	"아이고, 이건 먹는 게 아니오! 이건 불을 붙이는 양초란 말이오!"	
마을 사람들	고함을 지르며 데굴데굴 굴렀어요. "아이고, 배야! 내가 저걸 먹었다니!" "이러다 뱃속에 불이 나면 어떡하지?"	

2권 71

7단, 9단 곱셈구구

1 곱셈구구를 완성하세요.

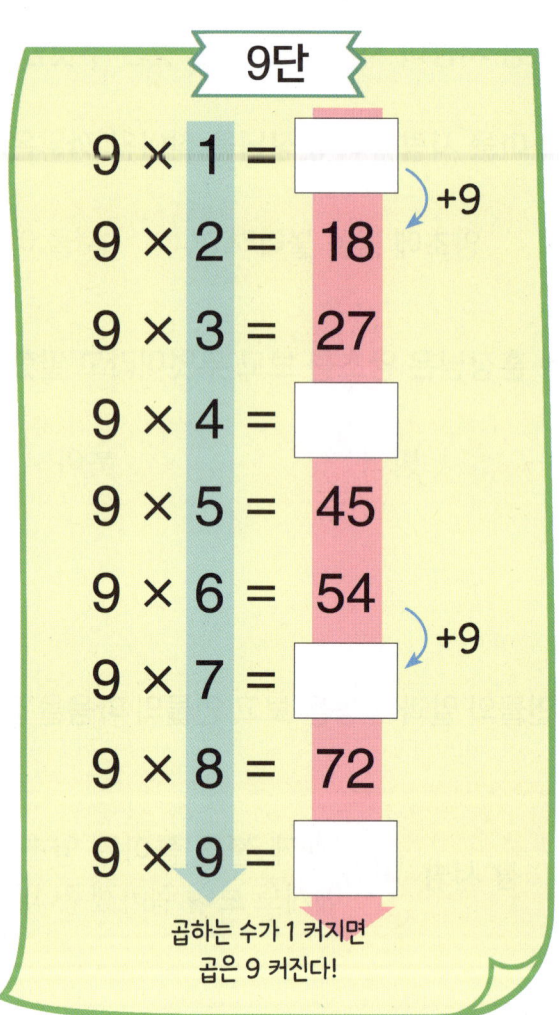

2 7단, 9단 곱셈구구의 순서대로 수를 따라가 미로를 통과하세요.

3 7단, 9단 곱셈구구를 외워 □ 안에 알맞은 수를 써넣으세요.

7×1 = ☐   9×4 = ☐   9× ☐ = 36
7×8 = ☐   9×3 = ☐   9× ☐ = 81
7×4 = ☐   9×7 = ☐   9× ☐ = 27
7×5 = ☐   9×1 = ☐   9× ☐ = 18
7×9 = ☐   9×5 = ☐   7× ☐ = 49
7×7 = ☐   9×8 = ☐   7× ☐ = 21
7×2 = ☐   9×9 = ☐   7× ☐ = 35
7×6 = ☐   9×2 = ☐   7× ☐ = 56
7×3 = ☐   9×6 = ☐   7× ☐ = 7

4 초콜릿은 모두 몇 개인지 곱셈식으로 나타내고, 답을 구하세요.

9개씩 5상자

➡ 9× ☐ = ☐

답 _____ 개

이야기 속 인물에게

1 앞에서 읽은 <양초 도깨비>를 나타낸 그림입니다. 줄거리를 떠올리며 그림을 살펴보고, 일이 일어난 차례대로 번호를 쓰세요.

2 일이 일어난 차례에 맞게 빈칸에 알맞은 말을 보기 에서 찾아 쓰세요.

보기
불   양초   냇가   뱅어   훈장님

| 서울에 간 장 서방은 (　　　)을/를 사서 마을 사람들에게 나눠 주었어요. | → | 양초가 무엇인지 궁금했던 마을 사람들은 (　　　)을/를 찾아갔어요. | → | 훈장님은 양초를 (　　　)(이)라 말하며 양초로 국을 끓였어요. | → |

| 마을 사람들은 국을 먹고 괴상한 맛에 얼굴을 찡그렸어요. | ← | 장 서방이 나타나 (　　　)을/를 붙이는 양초라고 말했어요. | ← | 마을 사람들은 뱃속에 불이 날까 두려워하며 (　　　)(으)로 달려갔어요. |

3 글의 내용을 떠올리며 이야기 속 인물에게 전하고 싶은 말을 쓰세요.

장 서방에게
_____
_____

훈장님에게
_____
_____
_____
_____

마을 사람들에게
_____
_____

곱셈구구의 비밀

1 시계의 긴바늘이 각 숫자를 가리킬 때 몇 분을 나타내는지 5단 곱셈구구를 이용해 구해 보세요.

시계를 잘 살펴봐. 작은 눈금 5칸마다 숫자가 있지? 5개씩 묶음이 몇 개인지 알려 주는 거야.

정각

$5 \times 11 = 55$
$5 \times 10 = 50$
$5 \times 9 = $
$5 \times 8 = $
$5 \times 7 = $
$5 \times 6 = 30$
$5 \times 5 = 25$
$5 \times 4 = $
$5 \times 3 = 15$
$5 \times 2 = $
$5 \times 1 = 5$

☐ 분   ☐ 분   ☐ 분

2. 휴대전화의 숫자판으로 3단과 7단 곱셈구구의 일의 자리 숫자를 찾을 수 있어요. ◯ 안에 알맞은 수를 써넣으세요.

3단은 오른쪽 위부터!

3×1= 3 3×4=1 2 3×7=2 ◯
3×2= 6 3×5=1 ◯ 3×8=2 4
3×3= ◯ 3×6=1 ◯ 3×9=2 ◯

7단은 왼쪽 아래부터!

7×1= 7 7×4=2 ◯ 7×7=4 9
7×2=1 4 7×5=3 ◯ 7×8=5 ◯
7×3=2 ◯ 7×6=4 2 7×9=6 ◯

33 종합 꼼꼼 복습

★ 글을 읽고 물음에 답하세요. [1-4]

> 나영이에게
>
> 나영아, 잘 지내니? 나 혜리야.
>
> 네가 이민 간 지 벌써 한 달이 지났네.
>
> ㉠네가 없으니 학교생활이 허전해. 다른 친구들도 다들 너를 보고 싶어해.
>
> ㉡새로운 친구는 많이 사귀었니?
>
> ㉢어떻게 지내는지 궁금해!
>
> 잘 지내고, 한국에 놀러 오면 꼭 연락해.
>
> 그럼 안녕.
>
> 혜리가

1 쓴 사람과 받는 사람의 이름과 관계를 쓰세요. [독해]

- 쓴 사람: (　　　　　)
- 받는 사람: (　　　　　)
- 관계: (　　　　　)

2 편지에 드러난 글쓴이의 마음을 모두 찾아 ○ 하세요. [독해]

| 고마운 마음 | 그리운 마음 |
| 궁금한 마음 | 미안한 마음 |

3 이 편지에서 빠진 내용을 찾아 색칠하세요. [독해]

첫인사	끝인사
쓴 날짜	쓴 사람
받는 사람	전하고 싶은 말

4 ㉠~㉢의 문장의 종류는 무엇인지 찾아 선으로 이으세요. [문장]

- ㉠ • • 묻는 문장
- ㉡ • • 설명하는 문장
- ㉢ • • 감탄하는 문장

5 무엇인가를 물어볼 때 쓰는 문장의 종류에 ○ 하고, 문장을 만들어 보세요. [글쓰기]

| 설명하는 | 묻는 | 감탄하는 | 문장

➡ _____

6 곱셈을 하세요.

(1) $2 \times 3 =$

(2) $8 \times 5 =$

(3) $5 \times 7 =$

(4) $9 \times 8 =$

(5) $7 \times 6 =$

(6) $4 \times 4 =$

7 6단 곱셈구구의 순서대로 수를 따라가 미로를 통과하세요.

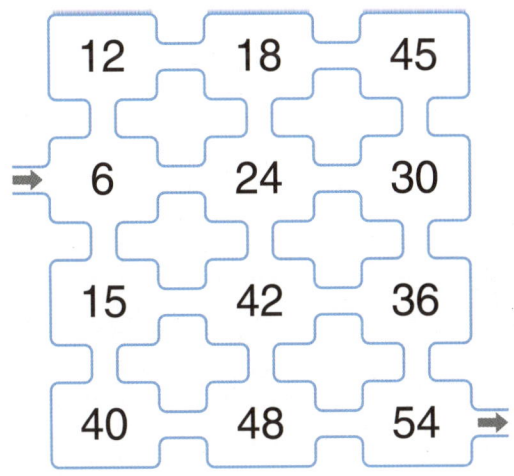

8 관계 있는 것끼리 선으로 이으세요.

9 민규는 하루에 딱지를 7개씩 3일 동안 접었습니다. 민규가 접은 딱지는 모두 몇 개일까요?

식 _____

답 _____ 개

10 □ 안에 알맞은 수를 써넣으세요.

(1) $5 \times \boxed{} = 40$

(2) $3 \times \boxed{} = 27$

꼭공 국어 수학
34~44

오늘 아침, 올해 여름, 이번 주 토요일!
시간을 나타내는 말을 찾아봐.

요리조리 곱셈구구 풀기 연습~!
어느새 곱셈 천재가 되어 있을걸!

학습 계획표

	꼭공 내용	꼭공 능력	공부한 날
34	뜻이 비슷한 낱말	어휘 / 맞춤법 / 문장 / 독해 / 글쓰기	/
35	2단부터 9단까지 다 외웠지?	개념 / 연산 / 문장제 / 문제해결 / 추론	/
36	너와 나는 틀려? 달라!	어휘 / 맞춤법 / 문장 / 독해 / 글쓰기	/
37	1단 곱셈구구와 0의 곱	개념 / 연산 / 문장제 / 문제해결 / 추론	/
38	소리는 같지만 뜻이 다른 낱말	어휘 / 맞춤법 / 문장 / 독해 / 글쓰기	/
39	곱셈구구 연습하기	개념 / 연산 / 문장제 / 문제해결 / 추론	/
40	아침, 점심, 저녁	어휘 / 맞춤법 / 문장 / 독해 / 글쓰기	/
41	곱이 같은 곱셈구구를 찾아라	개념 / 연산 / 문장제 / 문제해결 / 추론	/
42	올해 2학년이야	어휘 / 맞춤법 / 문장 / 독해 / 글쓰기	/
43	곱하고 더하고, 곱하고 빼고	개념 / 연산 / 문장제 / 문제해결 / 추론	/
44	꼭공 복습	국어 / 수학	/

34 뜻이 비슷한 낱말

국어

1 다음 문장에서 뜻이 다른 하나를 골라 색칠하세요.

뜻이 비슷한 낱말은 바꾸어 써도 뜻이 잘 통해.

- 우리 | 동네 | 마을 | **생활** | 에서 축제를 해.

- 너에게 | 숨기는 | 감추는 | 드러난 | 일은 없어.

- | 우레 | 구름 | 천둥 | 같이 큰 소리로 고함을 쳤다.

- 주머니 | 안 | 겉 | 속 | 에 뭐가 들어 있을까?

- 이만 울음을 | 그치고 | 멈추고 | 자르고 | 기운 내.

- | 밝아서 | 캄캄해서 | 어두워서 | 앞이 잘 보이지 않네.

- | 넘어져서 | 늦어져서 | 엎어져서 | 무릎이 까져 버렸어.

- 함께 힘을 | 기르면 | 모으면 | 합치면 | 해낼 수 있을 거야.

- 조금만 | 고치면 | 부수면 | 수리하면 | 말짱하게 다시 쓸 수 있어.

2단부터 9단까지 다 외웠지?

2단부터 9단까지 다 외웠는지 확인해 보자.

1 □ 안에 알맞은 수를 써넣으세요.

2×4=□
2×2=□
2×5=□
2×□=12
2×9=□
2×□=16

4×1=□
4×7=□
4×□=20
4×6=□
4×8=□
4×□=12

3×3=□
3×6=□
3×□=6
3×9=□
3×□=21
3×4=□

5×2=□
5×□=40
5×7=□
5×□=15
5×5=□
5×9=□

TIP TALK

곱셈구구를 외워 두면 다양한 문제를 빠르고 쉽게 해결할 수 있습니다. 무조건 외우는 것보다 원리를 이해하면서 정확하게 외우는 것이 더 중요하므로 노래나 스마트폰 어플, 수학 동화 등 다양한 방법을 활용해 연습해 보세요.

꼭 공능력 | 개념 | **연산** | 문장제 | 문제해결 | 추론

---

6 × 3 = ☐

6 × ☐ = 54

6 × 1 = ☐

6 × 8 = ☐

6 × ☐ = 24

6 × 7 = ☐

---

8 × 7 = ☐

8 × 5 = ☐

8 × ☐ = 32

8 × ☐ = 72

8 × 2 = ☐

8 × 6 = ☐

---

7 × ☐ = 35

7 × 4 = ☐

7 × 9 = ☐

7 × 7 = ☐

7 × ☐ = 42

7 × 2 = ☐

---

9 × 4 = ☐

9 × ☐ = 63

9 × 8 = ☐

9 × 3 = ☐

9 × 9 = ☐

9 × ☐ = 18

36 국어

너와 나는 틀려? 달라!

1 빈칸에 알맞은 낱말을 골라 말풍선을 채워 보세요.

2 문장의 빈칸에 알맞은 낱말을 찾아 선으로 잇고, 따라 쓰세요.

- 동생과 등교 시간이 ☐. • • 갔 다
- 동생은 친구를 만나러 ☐. • • 같 다

- 버스에서 우산을 ☐ 버렸어. • • 잊 어
- 준비물 챙기는 거 ☐ 버리지 마. • • 잃 어

- 어서 빨리 낫길 ☐ 있어. • • 바 라 고
- 햇볕에 그림이 ☐ 말았어. • • 바 래 고

- 장갑이 ☐ 손에 맞지 않아. • • 작 아 서
- 밥이 ☐ 배가 부르지 않아. • • 적 어 서

- 가고 싶은 곳이 서로 ☐. • • 틀 렸 어
- 받아쓰기를 두 문제 ☐. • • 달 랐 어

37 1단 곱셈구구와 0의 곱

1은 그대로 기계!
어떤 수를 곱해도 어떤 수 그대로 나와요.
$1 \times 4 = 4, 6 \times 1 = 6$

0은 변신 로봇!
0을 곱하면 모두 0으로 변해요.
$0 \times 3 = 0, 9 \times 0 = 0$

1 주머니에 든 구슬을 보고 곱셈식을 완성하세요.

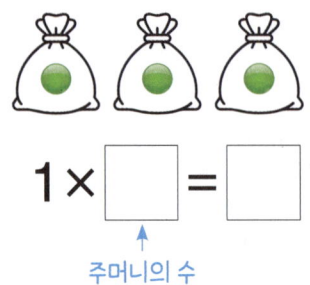

$1 \times \boxed{} = \boxed{}$
↑ 주머니의 수

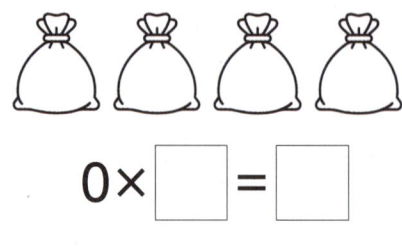

$0 \times \boxed{} = \boxed{}$

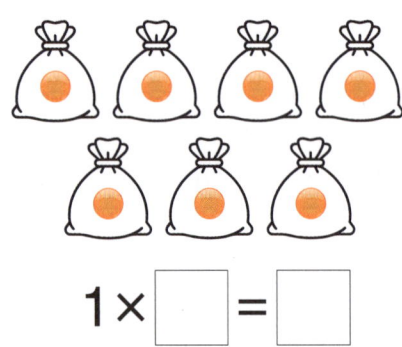

$1 \times \boxed{} = \boxed{}$

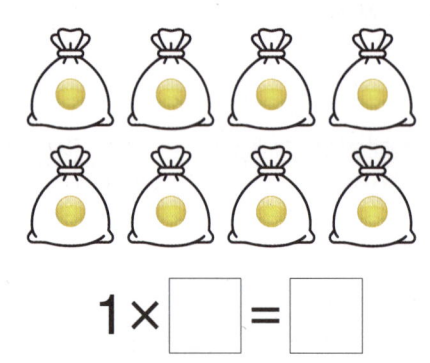

$1 \times \boxed{} = \boxed{}$

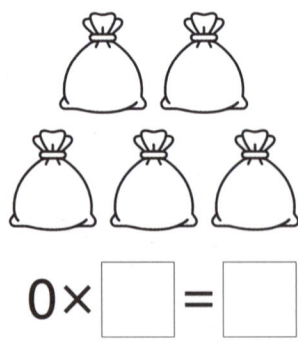

$0 \times \boxed{} = \boxed{}$

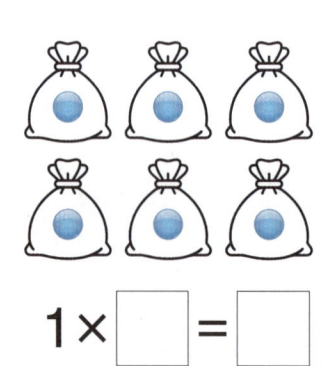

$1 \times \boxed{} = \boxed{}$

2 한 문제의 점수는 5점입니다. 친구들의 시험지를 채점하고, 점수를 구해 보세요.

예) 이름: 김우주
1) 8×1= 8 ○
2) 3×7= 21 ○
3) 0×5= 0 ○
4) 4×4= 12 /

점수 5 × [3] = [ ] (점)
↑ 맞힌 문제 수

이름: 한도경
1) 7×2= 14
2) 6×0= 0
3) 3×2= 6
4) 9×6= 54

점수 5 × [ ] = [ ] (점)

이름: 권서혜
1) 1×6= 1
2) 5×8= 40
3) 9×0= 9
4) 6×2= 12

점수 5 × [ ] = [ ] (점)

이름: 윤정민
1) 4×9= 35
2) 0×7= 7
3) 3×1= 3
4) 7×5= 40

점수 5 × [ ] = [ ] (점)

소리는 같지만 뜻이 다른 낱말

1 밑줄 친 낱말에 어울리는 그림을 찾아 ○ 하세요.

눈이 너무 뻑뻑해서 잠시 쉬어야겠다.

날씨가 맑아서 밤에 별이 잘 보인다.

차를 타고 두 시간 거리를 가야 한다.

바람이 불어 풀이 흔들린다.

아나운서는 또렷한 발음으로 말을 한다.

잘못했을 때는 사과를 해야 한다.

2 빈칸에 공통으로 들어가는 글자는 무엇일까요? 알맞은 글자를 쓰세요.

☐을 쭉 뻗으며 기지개를 켰다.

숫자 육 다음은 칠, 칠 다음은 ☐이야.

☐

☐이 꽃밭 위를 어지러이 날아다니고 있다.

착한 사람은 복을 받고 나쁜 사람은 ☐을 받는 전래 동화가 많다.

☐

미술 대회에 나가서 ☐을 받았다.

이제 밥 먹을 거니까 ☐을 펴고 앉으렴.

☐

식혜를 작은 ☐에 옮겨 담았다.

☐이 나서 하루 종일 누워 있었다.

☐

항구에서 울릉도에 가는 ☐를 탔어.

시원하고 달콤한 ☐를 깎아 먹었다.

찬 음식을 많이 먹었더니 ☐가 아프다.

☐

39 곱셈구구 연습하기

1 곱셈을 하세요.

9×3=   6×4=   4×8=

5×0=   7×2=   2×5=

8×7=   3×9=   9×8=

2×8=   5×3=   1×4=

4×2=   8×5=   3×6=

9×6=   6×7=   7×9=

1×5=   4×0=   3×1=

2 문제를 잘 읽고 답을 구하세요.

음료수가 한 상자에 8개씩 들어 있습니다.
상자 5개에 들어 있는 음료수는 몇 개일까요?

식 _____

답 _____ 개

선호는 사과를 하루에 1개씩 먹어요.
선호가 9일 동안 먹은 사과는 몇 개일까요?

식 _____

답 _____ 개

잠자리의 다리는 6개입니다.
잠자리 6마리의 다리는 모두 몇 개일까요?

식 _____

답 _____ 개

자동차 한 대에 4명씩 탔습니다.
자동차 3대에 탄 사람은 모두 몇 명일까요?

식 _____

답 _____ 명

40 국어

아침, 점심, 저녁

시간의 흐름에 따른 여러 가지 **시간을 나타내는 말**을 알아보세요.

하루	어제		오늘		내일	
주	지난주		이번 주		다음 주	
해(년)	작년		올해		내년	
계절	봄		여름		가을	겨울
요일	월요일	화요일	수요일	목요일	금요일	토요일	일요일
시간	새벽	아침	오전	점심	오후	저녁	밤

1 친구의 말에서 시간을 나타내는 알맞은 말을 골라 ○ 하세요.

 이번 (여름 , 겨울)에는 눈이 많이 올 거래.

 (아침 , 저녁) 일찍 일어나서 달리기를 했어.

 (어제 , 내일) 선생님이 내 주신 숙제 다 했어?

 (화요일 , 다음 주)마다 태권도 학원에 가야 해.

 (작년 , 내년)에는 새로운 마음으로 계획을 세워 실천할 거야.

2. 재환이의 방학 생활 계획표를 보고 알맞은 시간을 나타내는 말을 골라 색칠하세요.

- | 아침 : 점심 | 8시에 일어나서 세수하고, 밥을 먹었다.

- | 점심 : 저녁 | 때 볶음밥을 먹고, 영어 학원에 갔다.

- | 오전 : 오후 | 에 태권도 학원에서 운동을 했다.

- 학원을 마치고, 성호와 자전거를 타고 놀았더니 | 아침 : 저녁 | 이 되었다.

- 저녁에 그림책을 읽고, 씻고 누우니 | 밤 : 새벽 | 이었다.

41 수학 · 곱이 같은 곱셈구구를 찾아라 ·

1 같은 수를 여러 가지 방법으로 묶어서 셀 수 있어요.
컵케이크를 2개씩, 4개씩, 8개씩 묶어서 여러 가지 곱셈구구로 나타내 보세요.

 몇 개씩 묶는지에 따라 곱셈식을 여러 개 만들 수 있어.

2 × [4] = 8 ← 2개씩 4묶음
4 × [ ] = 8 ← 4개씩 2묶음
8 × [ ] = 8 ← 8개씩 1묶음

2 × [ ] = 16
4 × [ ] = 16
8 × [ ] = 16

4 × [ ] = [ ]
8 × [ ] = [ ]

 2개씩 묶으려니 묶음의 수가 너무 많아.
컵케이크를 4개씩, 8개씩 묶어 보자!

 TIPTALK
묶어 세는 방법에 따라 다양한 곱셈식을 만들 수 있습니다. 2단, 4단, 8단뿐 아니라 3단, 6단, 9단도 같은 방법으로 곱이 같은 곱셈식을 찾을 수 있음을 알려 주세요.

꼭 공 능력

2 보기 와 같이 두 수의 곱이 ⬡ 안의 수가 되도록 선을 이으세요.

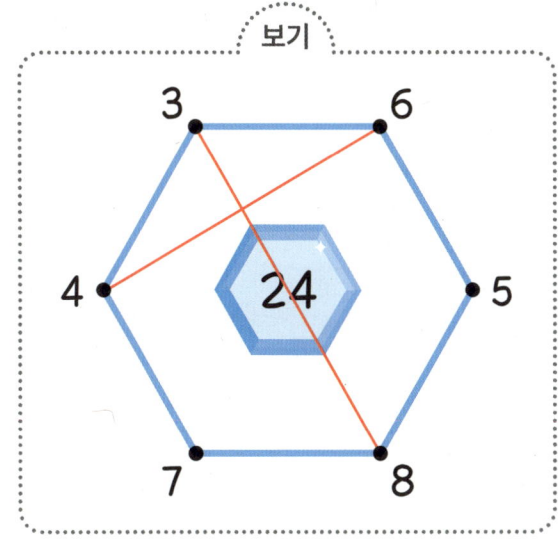

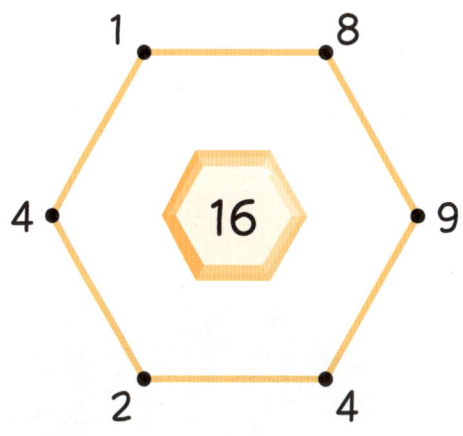

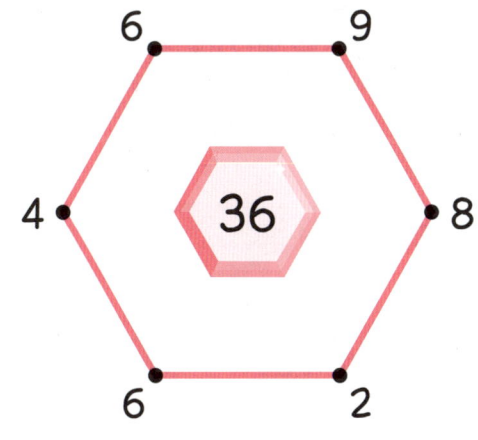

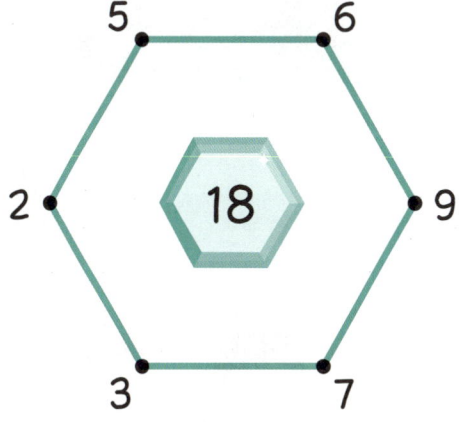

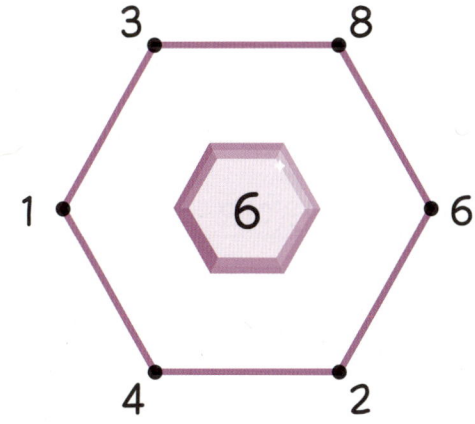

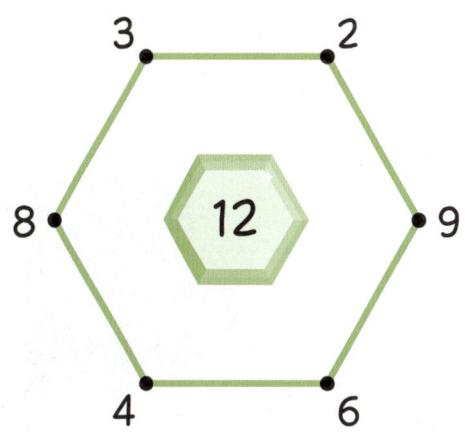

42 국어

올해 2학년이야

시간을 나타내는 말을 알면 글에서 일이 일어난 차례를 쉽게 파악할 수 있어요.
겪은 일을 이야기할 때도 시간을 나타내는 말을 써서 정리하여 말할 수 있지요.

1 시간을 나타내는 말을 알아보고 따라 쓰세요.

하루가 바뀔 때

- 어제 그네를 탔어요.
- 오늘 그네를 타요.
- 내일 그네를 탈 거예요.

하루 중 시간 – 아침 / 점심 / 저녁, 낮 / 밤

- 아침에 늦잠을 잤어요.
- 점심에 강아지와 산책을 했어요.
- 저녁에 책을 읽었어요.
- 낮에 햇볕이 뜨거웠어요.
- 밤에 보름달이 떴어요.

꼭공능력 | 어휘 | 맞춤법 | 문장 | 독해 | 글쓰기

계절이 바뀔 때

| 봄 | 에는 벚꽃이 펴요.

| 여 | 름 | 에는 나무가 우거져요.

| 가 | 을 | 에는 단풍이 들어요.

| 겨 | 울 | 에는 눈이 내려요.

주가 바뀔 때

| 지 | 난 | 주 | 에 나무를 심었어요.

| 이 | 번 | 주 | 에 나무를 심어요.

| 다 | 음 | 주 | 에 나무를 심을 거예요.

해(년)가 바뀔 때

| 작 | 년 | 에 1학년이었어요.

| 올 | 해 | 는 2학년이에요.

| 내 | 년 | 에 3학년이 돼요.

2권 99

43 수학

곱하고 더하고, 곱하고 빼고

1 농장에 당근을 심었습니다. 모두 몇 개인지 세 가지 방법으로 구해 보세요.

(4× ☐)+(2× ☐)
= ☐

(7× ☐)-(4× ☐)
= ☐

2 양배추와 무, 호박도 심었습니다. 각각 몇 개를 심었는지 구해 보세요.

앞에서 배운 세 가지 방법 중에서 가장 편한 방법을 하나 골라서 몇 개 심었는지 구하자!

식 _____

답 _____ 개

식 _____

답 _____ 개

식 _____

답 _____ 개

44 종합 — 꼭공 복습

★ 글을 읽고 물음에 답하세요. [1-3]

> 오늘 친구 예림이랑 만나서 놀았다. 어제가 예림이 생일이었는데, 할머니 댁에 가느라 만나지 못했기 때문이다. 아침에 생일 선물을 깜빡 ㉠잃고 안 들고 나와서 후다닥 다시 들어가 챙겨 나왔다.
>
> 오후에 예림이를 만나 선물을 주었다. 선물은 귀여운 장갑이다. 전에 끼던 게 이제 ㉡적다고 해서 고른 선물이다. 예림이가 마음에 들어 해서 기뻤다.

1 [어휘] 예림이의 생일은 언제인지 알맞은 시간을 나타내는 말에 ○ 하세요.

　　어제　　오늘　　내일

2 [독해] 이 글에서 일이 일어난 차례대로 번호를 쓰세요.

- 할머니 댁에 갔다. ☐
- 예림이를 만나 선물을 주었다. ☐
- 선물을 두고 와서 다시 들어갔다. ☐

3 [맞춤법] ㉠과 ㉡을 바르게 고쳐 쓰세요.

잃고 → ☐☐

적다고 → ☐☐☐

4 [맞춤법] 밑줄 친 낱말이 알맞지 <u>않은</u> 것을 모두 고르세요. (　　　)

① 선물이 마음에 들길 <u>바래</u>.
② 양말 한 짝을 <u>잃어버렸어</u>.
③ 받아쓰기 한 문제를 <u>틀렸어</u>.
④ 우리는 좋아하는 색깔이 <u>틀려</u>.
⑤ 하나씩 나누려니까 빵 개수가 <u>적어</u>.

5 [어휘] 뜻이 비슷한 낱말끼리 선으로 이으세요.

뛰다　•　　•　멈추다

서다　•　　•　합치다

만나다　•　　•　달리다

모으다　•　　•　마주치다

6 곱셈을 하세요.

(1) $1 \times 5 =$

(2) $3 \times 8 =$

(3) $0 \times 7 =$

(4) $6 \times 2 =$

7 곱이 다른 하나는 어느 것일까요?

( )

① 3×4 ② 2×6
③ 4×6 ④ 4×3
⑤ 6×2

8 곱이 0이 아닌 것을 찾아 기호를 쓰세요.

㉠ 9×0 ㉡ 1×8 ㉢ 0×1

( )

9 성냥개비로 삼각형을 5개 만들었습니다. 사용한 성냥개비는 모두 몇 개일까요?

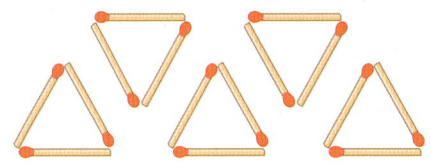

식 _____

답 _____ 개

10 자두는 모두 몇 개인지 3가지 방법으로 구하려고 합니다. □ 안에 알맞은 수를 써넣으세요.

① 4×3과 $7 \times \square$ 의 합 ➡ $\square$

② $5 \times \square$ 와 2×3의 합 ➡ $\square$

③ 7×5와 $3 \times \square$ 의 차 ➡ $\square$

따라서 자두는 모두 $\square$ 개입니다.

꼭공 국어 수학

45~55

cm보다 더 큰 단위가 있다고?

이제부터 1 cm가 100개면
1 m라고 쓸 수 있어야 해.

광고, 만화, 그림책까지⋯
글과 그림으로 표현된
매체 자료를 살펴볼까?

· 학습 계획표 ·

꼭공 내용	꼭공 능력	공부한 날
45 춤추는 할아버지	어휘 / 맞춤법 / 문장 / 독해 / 글쓰기	/
46 cm보다 더 큰 단위, m	개념 / 연산 / 문장제 / 문제해결 / 추론	/
47 정확하게 발음하기	어휘 / 맞춤법 / 문장 / 독해 / 글쓰기	/
48 m를 cm로, cm를 m로!	개념 / 연산 / 문장제 / 문제해결 / 추론	/
49 우리 집이 사라져요	어휘 / 맞춤법 / 문장 / 독해 / 글쓰기	/
50 길이의 합과 차 ①	개념 / 연산 / 문장제 / 문제해결 / 추론	/
51 방귀쟁이 며느리	어휘 / 맞춤법 / 문장 / 독해 / 글쓰기	/
52 길이의 합과 차 ②	개념 / 연산 / 문장제 / 문제해결 / 추론	/
53 시골 쥐와 도시 쥐	어휘 / 맞춤법 / 문장 / 독해 / 글쓰기	/
54 몸으로 길이 어림하기	개념 / 연산 / 문장제 / 문제해결 / 추론	/
55 꼭공 복습	국어 / 수학	/

춤추는 할아버지

1 일이 일어난 차례를 생각하며 글을 읽어 보세요.

오늘은 할아버지의 *칠순 잔치를 하는 날이다. 할아버지와 할머니, 고모네, 우리 가족이 함께 모여 식사를 하기로 했다. 아빠가 맛있는 식당에 예약을 했다고 하셔서 기대가 되었다.

고모네와 우리 가족은 오전에 미리 식당에 도착해 축하 준비를 했다. 벽에 현수막을 걸고, 7과 0 모양의 숫자 풍선과 알록달록한 풍선을 붙여 꾸몄다. 현수막의 할아버지 사진은 춤추시는 모습이라 신기하고 재미있었다.

"고모, 왜 할아버지가 춤을 추세요?"

"민이도 신나면 춤을 추잖아? 할아버지가 걱정 없이 건강하게 인생을 즐기시라는 뜻을 담았지."

듣고 보니 현수막 속 할아버지가 어쩐지 신나 보이셨다.

"멋지지? 내가 골랐어!"

재이 누나가 뽐내듯 으쓱거렸다.

커다란 떡케이크를 가운데 두고, 꽃바구니도 놓았다. 이윽고 점심때쯤, 할아버지와 할머니가 도착하셨다.

<u>"아이고, 그냥 같이 밥만 먹으면 될걸, 뭘 번거롭게 이런 걸 했어!"</u>

<u>할아버지는 고개를 절레절레하다가 허허 웃으셨다.</u>

식사 전에 먼저 케이크에 불을 붙이고 생신 축하 노래를 불렀다.

"사랑하는 할아버지, 칠순을 축하드려요!"

동생이 대표로 편지를 낭독했다. 내년에 초등학교에 입학하는 동생은 살짝 버벅거렸지만, 할아버지와 할머니는 마냥 흐뭇하게 웃으셨다. 편지는 축하의 마음과 더불어 오래도록 건강하게 우리와 함께해 달라는 내용이었다.

식당에서 점심을 먹고, 오후에는 다 함께 한강 유람선을 탔다. 맑은 가을 하늘 아래, 바람이 살랑살랑 불었다.

*칠순: 일흔(70) 살.

2 글을 읽고 물음에 답하세요.

● 오늘은 무슨 날인가요?　　　　　　　　(　　　　　　　　　　　　　　)

● 밑줄 친 내용에 담긴 할아버지의 마음으로 알맞은 것을 모두 고르세요.

| 화남 | 흐뭇함 | 괴로움 | 쑥스러움 |

● 일이 일어난 차례대로 번호를 쓰세요.

| 한강 유람선을 탐. | 할아버지, 할머니가 도착하심. | 축하 노래를 부르고 편지를 낭독함. | 현수막을 걸고 풍선을 붙여 벽을 꾸밈. |

3 글의 내용에 맞게 보기에서 시간을 나타내는 말을 찾아 문장을 완성하세요.

보기
오전　점심　오후　오늘　내년　가을

● 동생은 _____에 초등학교에 입학할 것이다.

● 맑은 _____ 하늘 아래, 바람이 살랑살랑 불었다.

● _____은/는 할아버지의 칠순 잔치를 하는 날이다.

● 점심을 먹고 _____에 다 함께 한강 유람선을 탔다.

● 고모네와 우리 가족은 _____에 미리 식당에 도착했고, 할머니와 할아버지는 _____때쯤 오셨다.

cm보다 더 큰 단위, m

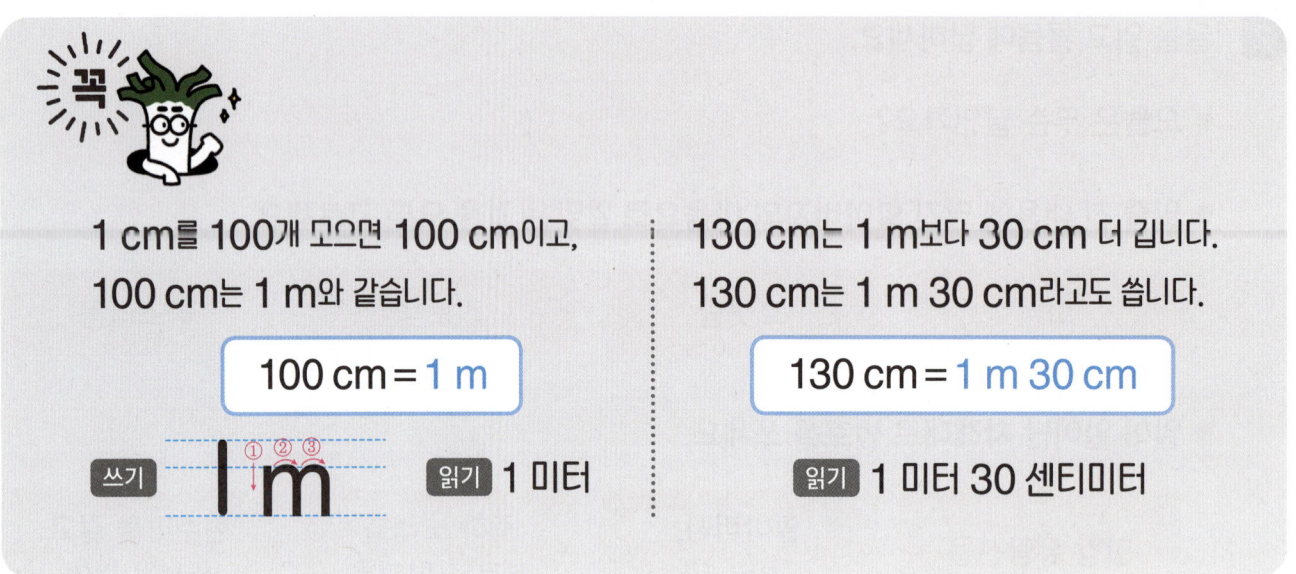

1 cm를 100개 모으면 100 cm이고, 100 cm는 1 m와 같습니다.

100 cm = 1 m

쓰기 1 m 읽기 1 미터

130 cm는 1 m보다 30 cm 더 깁니다.
130 cm는 1 m 30 cm라고도 씁니다.

130 cm = 1 m 30 cm

읽기 1 미터 30 센티미터

1 물건의 길이는 몇 m 몇 cm인지 쓰고, 읽어 보세요.

예) 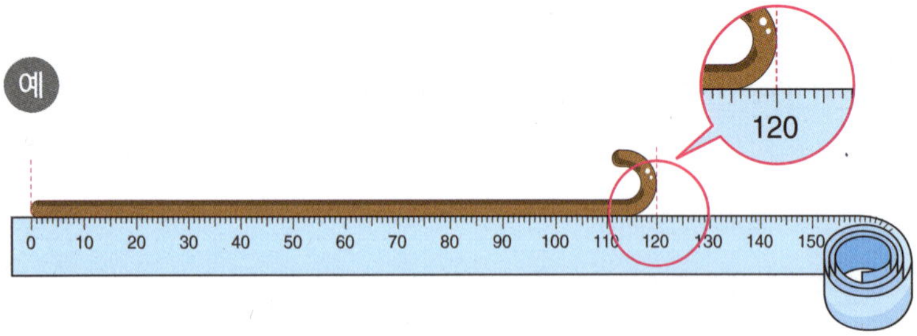
쓰기 1 m 20 cm
읽기 1 미터 20 센티미터

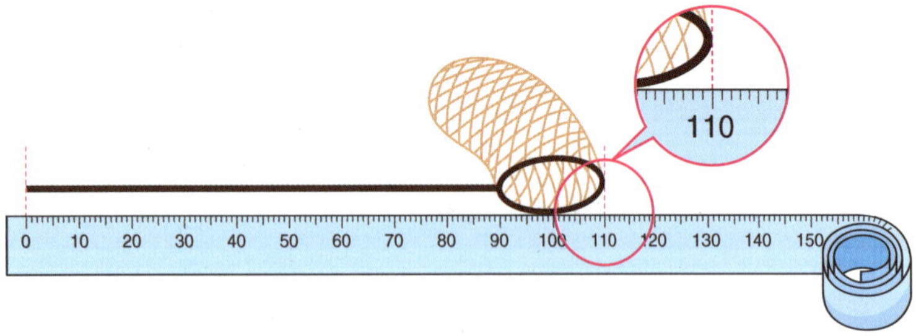

쓰기
읽기

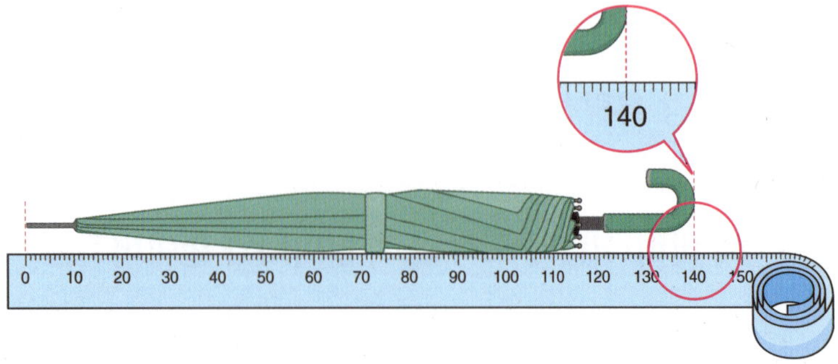

쓰기
읽기

2 문제를 잘 보고 알맞은 단위에 색칠하세요.

> 1 cm와 1 m의 길이를 머릿속으로 떠올려 본 후 단위를 찾아보세요.

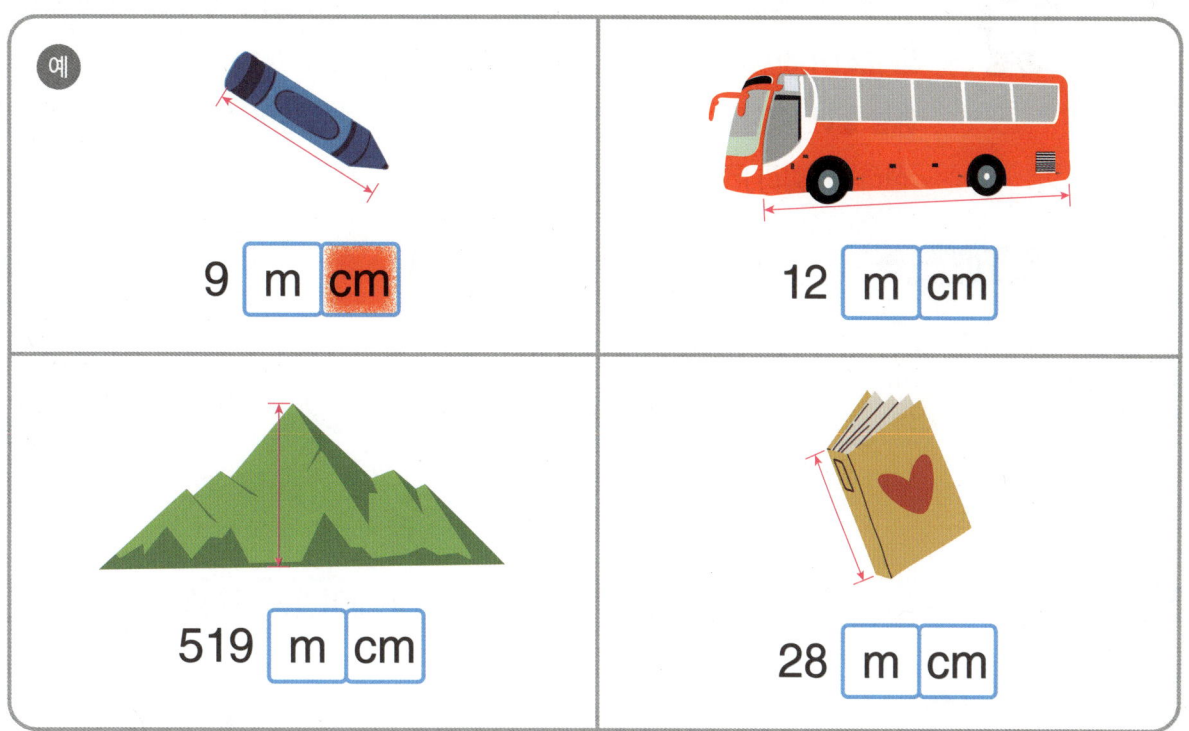

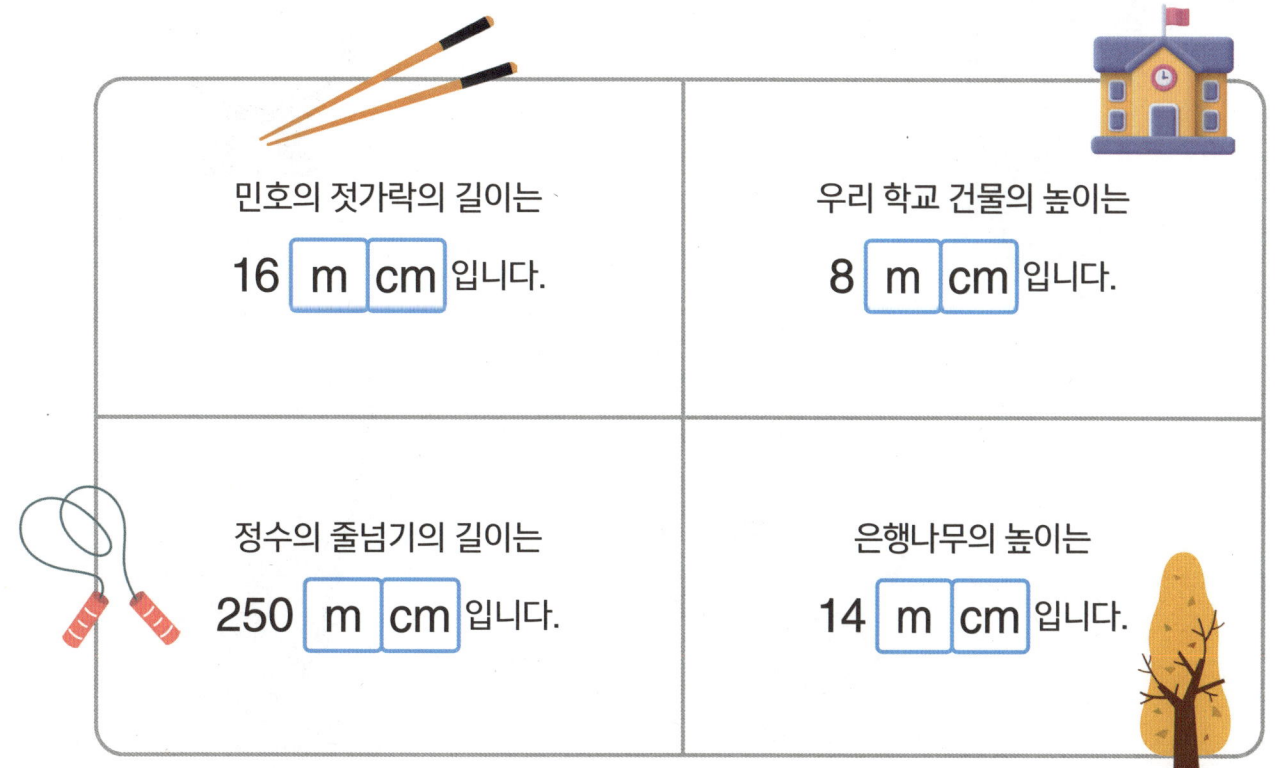

정확하게 발음하기

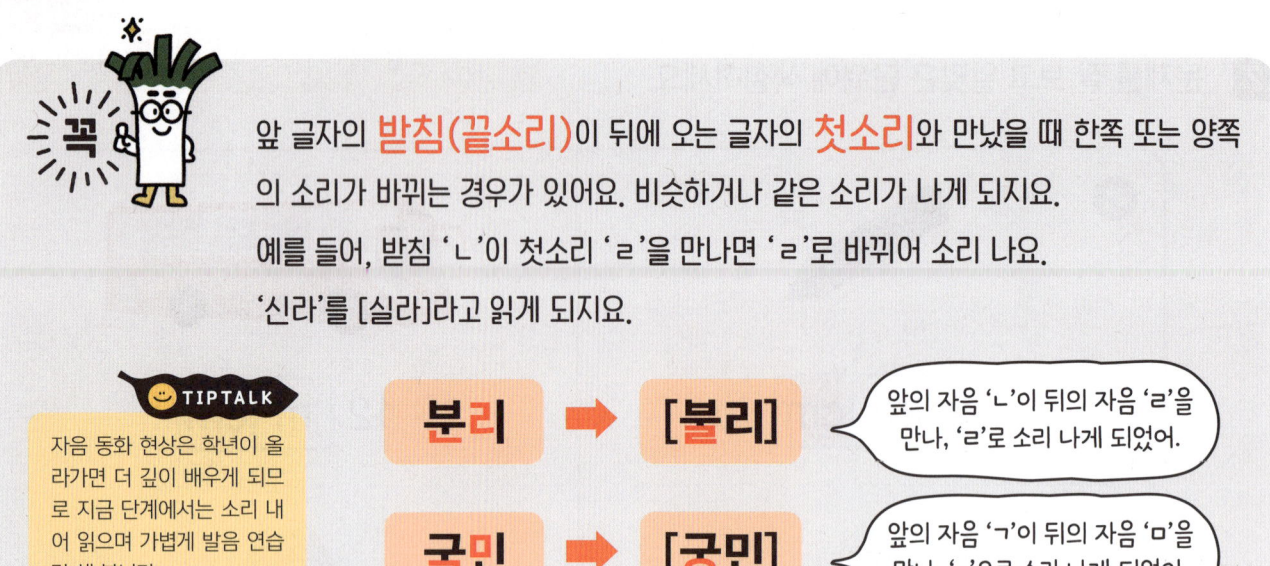

앞 글자의 **받침(끝소리)**이 뒤에 오는 글자의 **첫소리**와 만났을 때 한쪽 또는 양쪽의 소리가 바뀌는 경우가 있어요. 비슷하거나 같은 소리가 나게 되지요.

예를 들어, 받침 'ㄴ'이 첫소리 'ㄹ'을 만나면 'ㄹ'로 바뀌어 소리 나요. '신라'를 [실라]라고 읽게 되지요.

TIPTALK
자음 동화 현상은 학년이 올라가면 더 깊이 배우게 되므로 지금 단계에서는 소리 내어 읽으며 가볍게 발음 연습만 해 봅니다.

분리 ➡ [불리] — 앞의 자음 'ㄴ'이 뒤의 자음 'ㄹ'을 만나, 'ㄹ'로 소리 나게 되었어.

국민 ➡ [궁민] — 앞의 자음 'ㄱ'이 뒤의 자음 'ㅁ'을 만나, 'ㅇ'으로 소리 나게 되었어.

1 팻말에 쓰인 낱말을 바르게 발음한 것에 색칠하고, 소리 내어 읽어 보세요.

설날 — [설날] / [설랄]

국물 — [궁물] / [국물]

줄넘기 — [줄넘끼] / [줄럼끼]

앞문 — [압문] / [암문]

2 밑줄 친 낱말의 발음으로 알맞은 것에 색칠하고, 소리 내어 읽어 보세요.

 오늘은 간식을 <u>먹는</u> 날이야.　　[먹능]　[멍는]

 <u>왕릉</u>은 왕이 묻혀 있는 곳이야.　　[왕능]　[왕릉]

 할머니가 <u>옛날</u>이야기를 들려주셨어.　　[옛날]　[옌날]

 날씨가 추워져서 <u>난로</u>를 켰어.　　[날로]　[난로]

 무딘 <u>칼날</u> 때문에 무가 잘 안 썰려.　　[칼랄]　[칼날]

3 다음 글에서 소리 나는 대로 쓴 말을 바르게 고쳐 쓰세요.

오늘은 **설랄**이다. 부모님께 세배를 드리고, 내가 좋아하는 떡국도 **멍는** 날이다.

따뜻한 **궁물**을 먹으니 추위가 풀리는 것 같았다. 차례를 지내고 성묘를 하러 갔다.

국립묘지에 계신 할아버지는 예전에 우리나라의 **동닙**을 위해 애쓰셨다고 한다.

m를 cm로, cm를 m로!

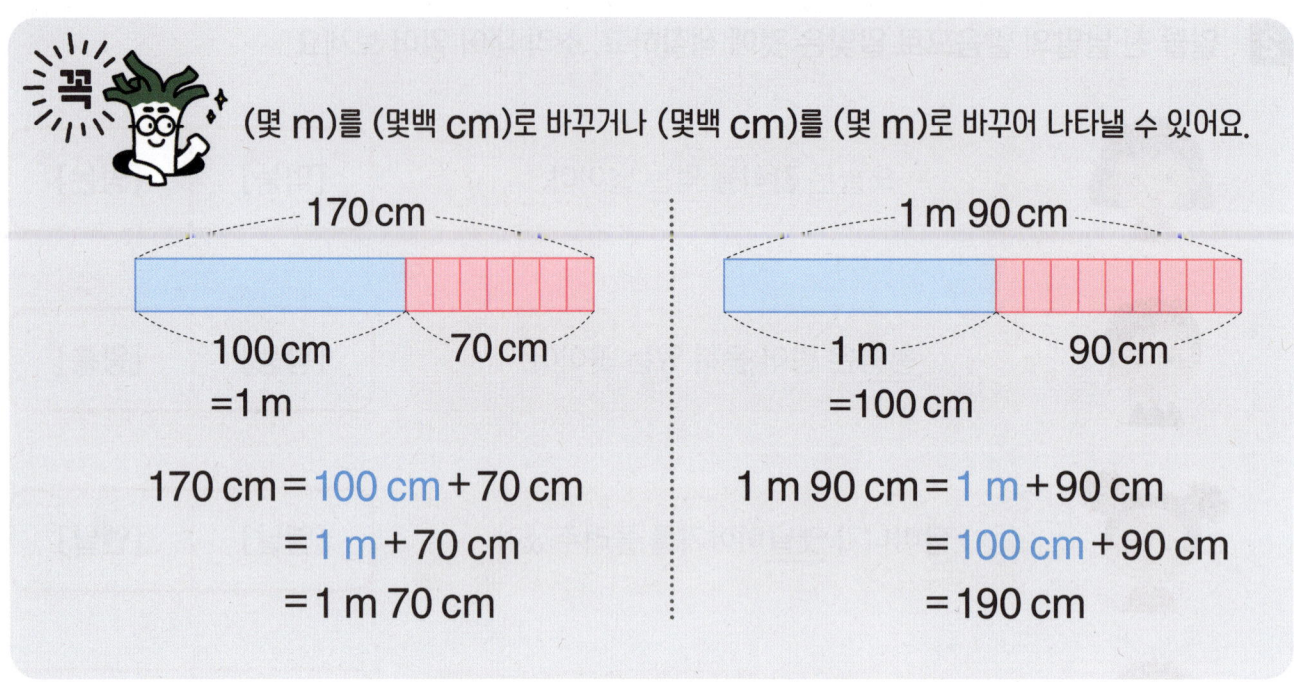

1 ☐ 안에 알맞은 수를 써넣으세요.

3 m = ☐ cm   200 cm = ☐ m

5 m 22 cm = ☐ cm   158 cm = ☐ m ☐ cm

7 m 41 cm = ☐ cm   915 cm = ☐ m ☐ cm

6 m 95 cm = ☐ cm   879 cm = ☐ m ☐ cm

11 m 3 cm = ☐ cm   2108 cm = ☐ m ☐ cm

2 문제를 잘 읽고 답을 구하세요.

> 단위가 서로 다른 길이를 한 가지 단위로 맞추어 비교하는 문제입니다. 길이의 뺄셈을 학습하기 전 꼭 훈련해 두어야 합니다.

지유의 키는 1 m 42 cm이고,
민서의 키는 138 cm입니다.
누구의 키가 더 클까요?

답 _____

노란색 리본은 길이가 331 cm이고,
보라색 리본은 길이가 3 m 13 cm입니다.
어느 색 리본의 길이가 더 짧을까요?

답 _____

소나무의 높이는 16 m 30 cm이고,
감나무의 높이는 1503 cm입니다.
소나무와 감나무 중에서 어느 것이 더 높을까요?

답 _____

멀리뛰기에서 하영이는 2 m 15 cm를 뛰었고,
경오는 250 cm, 주희는 208 cm를 뛰었습니다.
세 사람 중에서 누가 가장 멀리 뛰었을까요?

답 _____

49 국어

우리 집이 사라져요

공익 광고는 여러 사람의 이익을 목적으로 하는 광고예요. 환경 보호, 에너지 절약, 공중 예절, 범죄 예방, 인권, 교통안전 등 우리 사회를 널리 이롭게 하기 위한 내용을 담고 있어요.

1 글과 그림을 관련지으며 공익 광고를 살펴보세요.

쓸수록 줄어듭니다

지구 온난화의 원인 일회용 종이컵,
쓸수록 북극곰들의 집은 줄어듭니다.

kobaco
공익광고협의회

북극곰들의 집은 어디일까? 북극곰들은 추운 곳에 살아.

| 꼭공 능력 | 어휘 | 맞춤법 | 문장 | 독해 | 글쓰기 |

2 광고를 보고 물음에 답하세요.

● 다음 뜻을 가진 말을 광고에서 찾아 다섯 글자로 쓰세요.

　　지구의 기온이 높아지는 현상.　　(　　　　　　　　　)

● 광고에서 지구 온난화의 원인으로 말한 것은 무엇인가요?

　　유리컵　　　　장바구니　　　　일회용 종이컵

● 광고를 보고 북극곰들의 집은 어디일지 짐작해 보세요.  종이컵의 모양과 비슷한 것은 뭘까?

　　숲　　　　빙하　　　　바닷속

● 광고를 본 느낌을 알맞게 말하지 <u>못한</u> 친구를 찾아 × 하세요.

 종이컵을 많이 쓸수록 북극곰들의 집이 줄어든다니 안타까워.

 종이컵은 가볍고 간단하게 쓸 수 있어서 편리해.

 뒤집힌 종이컵으로 북극곰들의 집을 나타낸 게 인상 깊었어.

3 이 광고가 전하려는 중심 생각은 무엇인지 쓰세요.

50 길이의 합과 차 ①

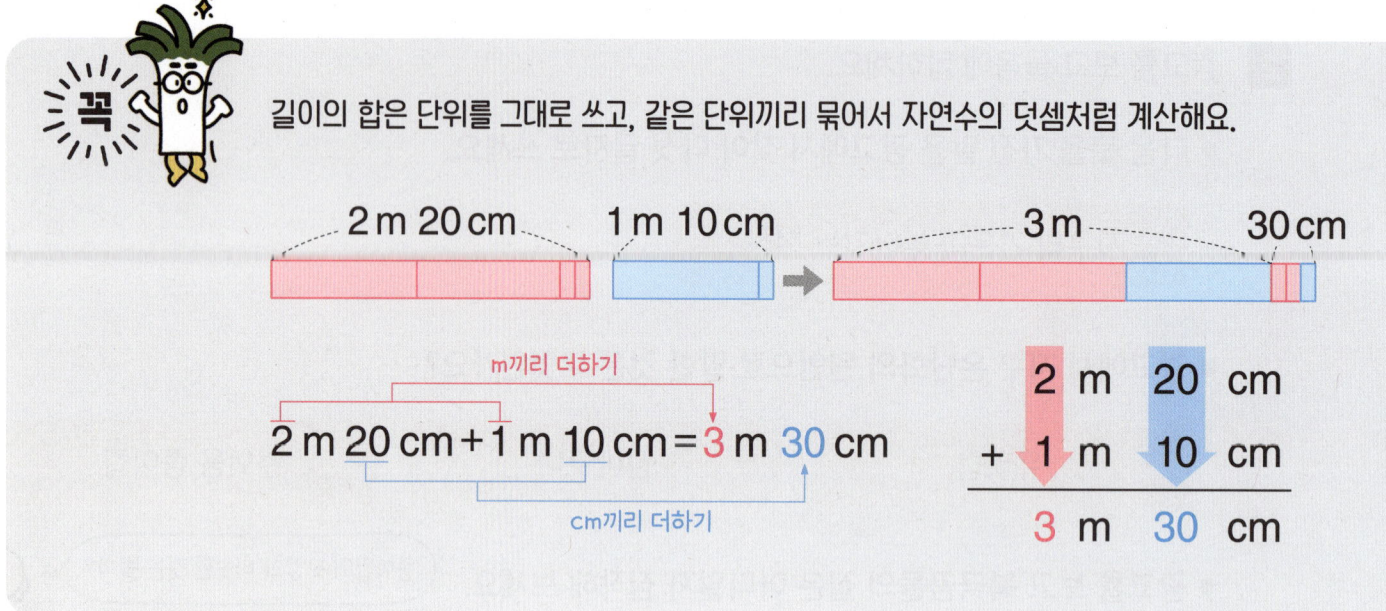

길이의 합은 단위를 그대로 쓰고, 같은 단위끼리 묶어서 자연수의 덧셈처럼 계산해요.

1 길이의 합을 구하세요.

	1 m	60 cm
+	1 m	20 cm
	2 m	cm

	4 m	35 cm
+	5 m	40 cm

길이의 단위도 꼭 써야 해.

	3 m	80 cm
+	8 m	19 cm

	16 m	23 cm
+	2 m	72 cm

	23 m	43 cm
+	1 m	21 cm

	5 m	32 cm
+	26 m	16 cm

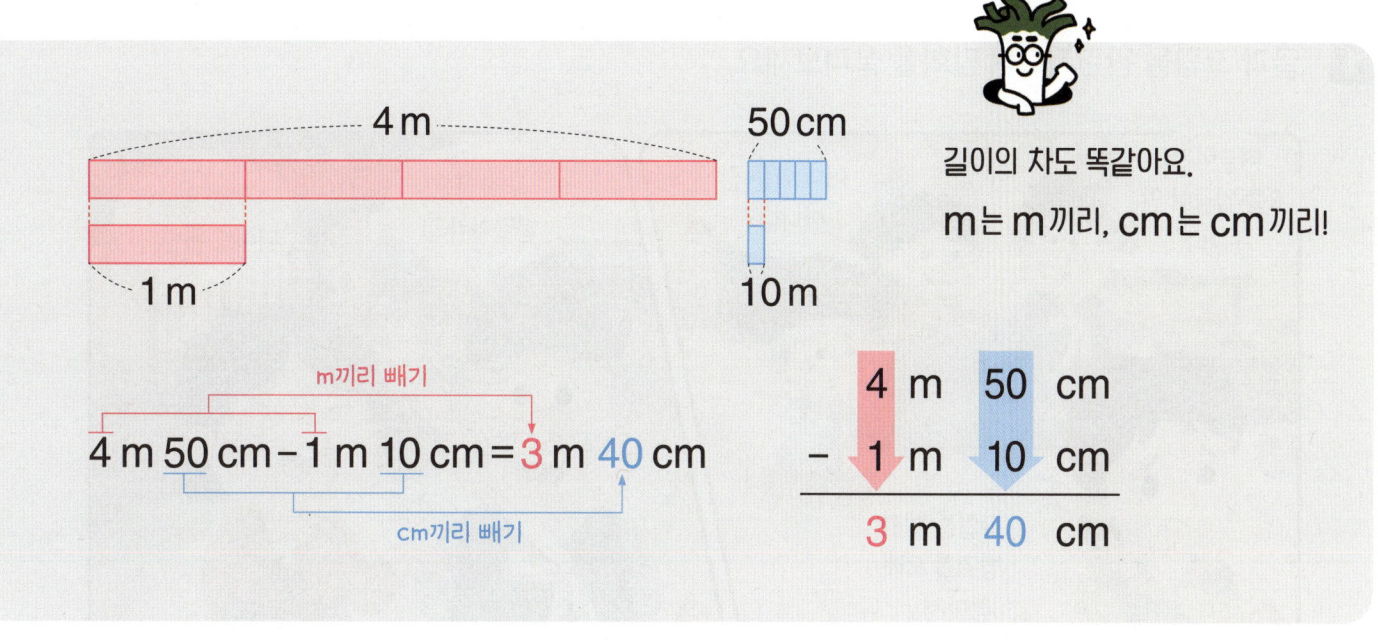

2 길이의 차를 구하세요.

	5 m	80 cm
−	4 m	10 cm
	1 m	cm

	18 m	96 cm
−	2 m	55 cm

	9 m	16 cm
−	7 m	12 cm

	6 m	48 cm
−	1 m	26 cm

	45 m	75 cm
−	11 m	40 cm

	29 m	60 cm
−	8 m	34 cm

51 방귀쟁이 며느리

1 글과 그림을 관련지으며 만화를 살펴보세요.

꼭공 능력: 어휘 맞춤법 문장 **독해** **글쓰기**

2. 만화를 보고 물음에 답하세요.

> 등장인물이 모두 몇 명이고, 누구누구인지 물어봐 주세요. '며느리'는 무슨 뜻인지 알려 주고, 인물들이 어떤 관계인지 이야기를 나누어 보세요.

- 만화에 나오는 등장인물은 모두 몇 명인가요?   (   )명

- 장면 ❶에서 며느리가 얼굴이 안 좋았던 까닭은 무엇인가요?

  | 배가 아파서 | 일이 힘들어서 | 방귀를 오래 참아서 |

- 장면 ❸에서 어떤 일이 일어났나요?

  _____

3. 장면 ❸과 ❻에서 인물이 할 말을 자유롭게 상상하여 말풍선을 채워 보세요.

4. 이 만화의 뒤에 이어질 이야기를 상상하여 쓰세요.

52 길이의 합과 차 ②

1 막대 두 개를 이어 붙였습니다. 길이를 더하거나 빼서 □ 안에 알맞은 수를 써넣으세요.

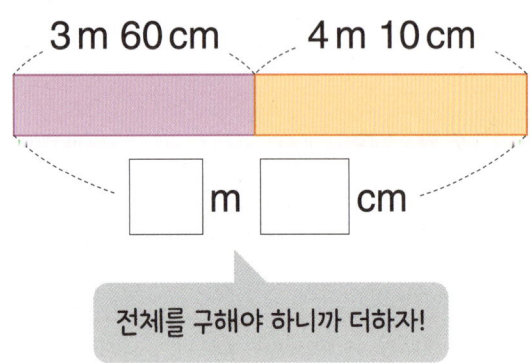
전체를 구해야 하니까 더하자!

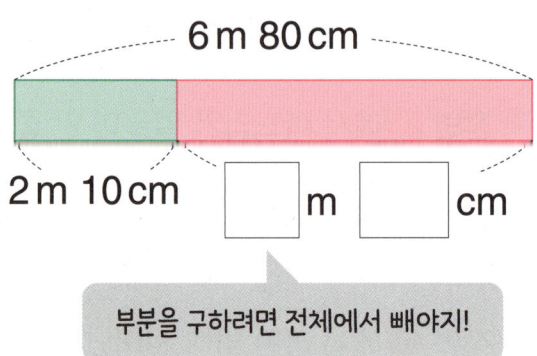
부분을 구하려면 전체에서 빼야지!

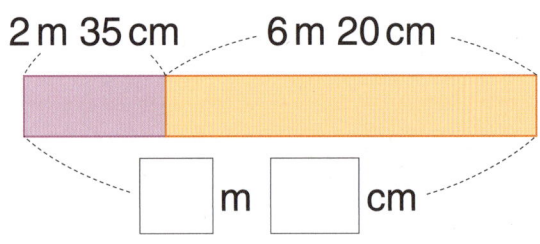

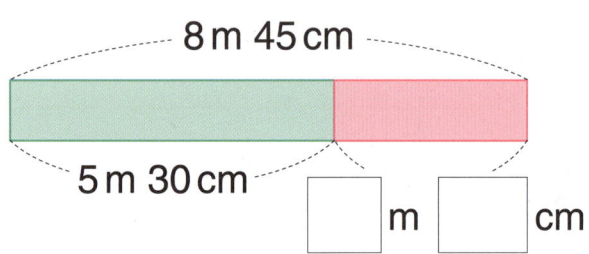

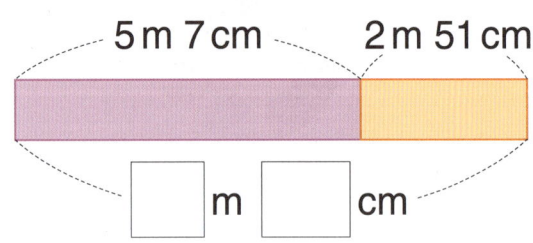

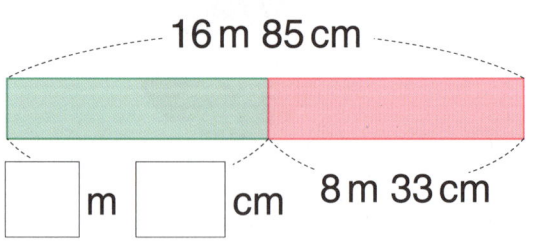

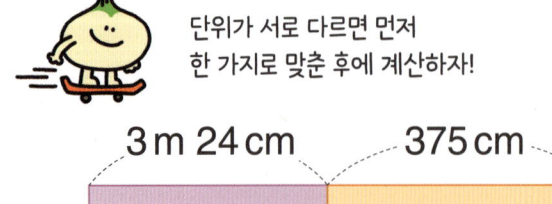
단위가 서로 다르면 먼저 한 가지로 맞춘 후에 계산하자!

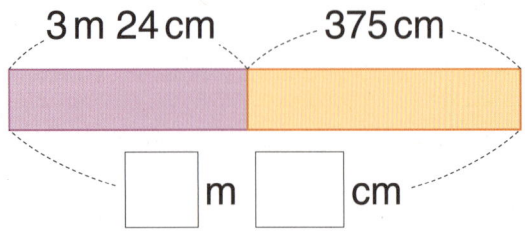

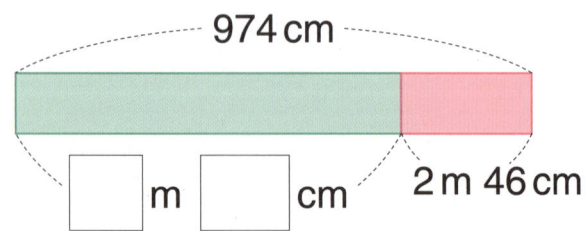

TIPTALK

길이의 단위가 서로 다른 것끼리 계산하는 문제입니다. 같은 단위로 바꾼 후 계산해야 한다는 것을 다시 한번 짚어 주세요.

2 문제를 잘 읽고 답을 구하세요.

책장의 높이는 1 m 15 cm이고, 옷장의 높이는 책장의 높이보다 120 cm 더 높습니다. 옷장의 높이는 몇 m 몇 cm일까요?

식 ______________________

답 ______ m ______ cm

경혜네 집에서 편의점을 지나 학교까지의 거리는 몇 m 몇 cm일까요?

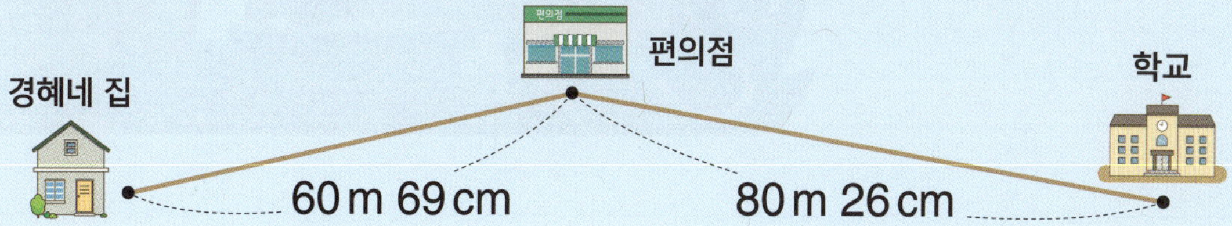

편의점
편의점
경혜네 집
학교
60 m 69 cm
80 m 26 cm

식 ______________________

답 ______ m ______ cm

동상의 높이를 태오는 3 m 25 cm라고 어림했고, 실제 높이는 304 cm입니다. 동상의 실제 높이와 태오가 어림한 높이의 차를 구하세요.

식 ______________________

답 ______ cm

시골 쥐와 도시 쥐

1 글과 그림을 관련지으며 그림책의 장면을 살펴보세요.

"도시에는 정말 맛난 것이 많단다. 달콤한 과일과 케이크, 먹음직스럽고 맛있는 음식이 가득하지. 한번 놀러 오지 않을래?"

도시 쥐는 시골 쥐에게 자랑스럽게 말했습니다.

"캬아아아앙!"

그때 어디선가 커다란 고양이가 나타났습니다.

2 그림책을 보고 물음에 답하세요.

- ☐☐ 쥐는 ☐☐ 쥐를 도시로 초대했습니다.

- 가 에는 어떤 글이 들어갈까요? 그림을 보고 어울리는 내용을 고르세요.

| 도시에 처음 온 시골 쥐는 정신없이 주변을 둘러보았습니다. | "여기가 우리 집이야! 참 아늑하지?" 시골 쥐의 집은 큰 나무 아래 있었습니다. | "고양이다! 어서 숨어야 해!" 도시 쥐와 시골 쥐는 겁에 질려 벌벌 떨었습니다. |

3 글을 읽고 어울리는 그림을 그려 나만의 그림책을 만들어 보세요.

도시 쥐가 시골 쥐의 집에 방문했습니다.
"어서 와, 멀리까지 오느라 힘들었지?"
시골 쥐가 도시 쥐를 반갑게 맞이했습니다.
"잘 있었니? 여긴 참 한적하고 공기가 좋구나."
도시 쥐가 주변을 둘러보며 말했습니다.

54 몸으로 길이 어림하기

1 수진이의 몸에서 약 1 m인 부분을 찾아 놀이터의 여러 가지 길이를 어림하려고 해요. □ 안에 알맞은 수를 써넣으세요.

55 종합 꼭공 복습

★ 글을 읽고 물음에 답하세요. [1-4]

사자는 사냥꾼이 쳐 놓은 덫에 걸리고 말았어요. 꼼짝달싹 못 하게 된 사자는 괴로워하며 울부짖었어요.
"㉠"
그때 어디선가 생쥐 한 마리가 쪼르르 달려왔어요.
"사자님, 제가 구해 드릴게요!"
"아니, 넌 며칠 전에 봤던 그 생쥐잖아?"
사자가 놓아주었던 생쥐였어요.
생쥐는 이빨로 그물을 열심히 갉았어요. 부지런히 갉아 낸 끝에 마침내 사자는 그물에서 풀려날 수 있었어요.
"정말 고마워, 생쥐야."

1 ㉠에 들어갈 알맞은 말은 무엇일까요? ( )

① 정말 졸린 오후야.
② 내 잠을 방해하다니!
③ 사냥꾼이 나타났어요.
④ 너를 잡아먹어야겠다!
⑤ 도와줘! 나 좀 구해 줘!

2 이 글의 등장인물은 누구와 누구인지 쓰세요.

_____

3 일이 일어난 차례대로 번호를 쓰세요.

사자가 덫에 걸렸다. ☐
사자가 그물에서 풀려났다. ☐
생쥐가 이빨로 그물을 갉았다. ☐

4 이 글에서 '며칠 전'에 일어난 일은 무엇일지 ○ 하세요.

사자가 생쥐를 놓아주었다.
사자가 생쥐를 혼내 주었다.
사자가 생쥐에게 은혜를 갚았다.

5 다음 낱말의 발음으로 알맞은 것에 ○ 하세요.

설날 — 설랄 | 설날
국물 — 국물 | 궁물

6 길이를 m 단위로 나타내기에 알맞은 것에 모두 ○ 하세요.

연필의 길이	학교 건물의 높이
( )	( )
한라산의 높이	공책의 긴 쪽의 길이
( )	( )

7 □ 안에 알맞은 수를 써넣으세요.

(1) 2 m = ☐ cm

(2) 420 cm = ☐ m ☐ cm

8 지현이는 길이가 7 m 45 cm인 끈을 4 m 13 cm만큼 잘라서 사용하였습니다. 남은 끈의 길이는 몇 m 몇 cm일까요?

식 _____

답 _____ m _____ cm

9 계산을 하세요.

(1) 5 m 62 cm
   + 1 m 17 cm

(2) 8 m 59 cm
   − 3 m 55 cm

(3) 12 m 84 cm
   + 20 m 3 cm

10 경현이가 바닥에 바르게 서서 어깨까지의 높이를 재면 약 1 m입니다. 나무의 높이는 약 몇 m인지 어림해 보세요.

약 ( ) m

꼭공 국어 수학

56~66

등장인물의 생각을 알아보고
내 생각도 말해 보자!

똑딱똑딱, 지금 몇 시 몇 분?
시각과 시간을 알아보자.

· 학습 계획표 ·

꼭공 내용	꼭공 능력	공부한 날
56 편리한 인터넷 세상	어휘 / 맞춤법 / 문장 / **독해** / **글쓰기**	/
57 시각을 읽자	**개념** / 연산 / 문장제 / **문제해결** / 추론	/
58 도토리를 줍지 말자	어휘 / 맞춤법 / 문장 / **독해** / **글쓰기**	/
59 몇 시 몇 분 전일까?	**개념** / 연산 / **문장제** / 문제해결 / 추론	/
60 똑딱똑딱 30초 말하기	어휘 / 맞춤법 / 문장 / **독해** / **글쓰기**	/
61 1시간은 60분이야	**개념** / **연산** / 문장제 / 문제해결 / 추론	/
62 내 생각을 말해요	어휘 / 맞춤법 / **문장** / 독해 / **글쓰기**	/
63 시간이 얼마나 걸리지?	개념 / 연산 / 문장제 / **문제해결** / 추론	/
64 바르게 읽고 써요	어휘 / **맞춤법** / **문장** / 독해 / 글쓰기	/
65 부산에서 서울까지	개념 / 연산 / 문장제 / **문제해결** / 추론	/
66 꼭공 복습	**국어** / **수학**	/

편리한 인터넷 세상

사실이나 정보 등을 전하고 소통하는 수단을 **매체**라고 해요. 책이나 컴퓨터, 텔레비전, 스마트폰 등이 모두 해당되지요. 그러한 수단을 통해 그림책, 만화, 뉴스, 광고, 웹툰, 애니메이션, 영화 등 다양한 매체 자료를 만날 수 있어요.

그중 인터넷의 **홈페이지**는 순우리말로 **누리집**이라고 해요. '세상'을 뜻하는 '누리'와 '집'을 합친 말이에요.

1 누리집 화면을 살펴보세요.

CHILDREN'S LIBRARY 어린이도서관

소장 자료 ▼ | 검색어를 입력해 주세요. 🔍 | 로그인 | 회원 가입 | 내 서재

| 자료 검색 | 참여 마당 | 도서관 소식 | 도서관 소개 | 이용 안내 | 찾아오시는 길 |

제 3회 책 축제
책이랑 놀자!

- 날 짜: 20○○.03.08(토) 11:00
- 장 소: 어린이도서관 시청각실, 길벗 호수공원 잔디광장
- 공연·행사: 가족 공연, 그림책 원작 뮤지컬, 작가 초청 강연, 독서화 전시회, 스탬프 투어, 체험 마당 등

🕘 도서관 운영 시간 09:00~18:00 (매주 토요일 09:00~21:00) 3월 휴관일 1, 3, 10, 17일

이달의 행사
- 도란도란 독서 토론 교실
  기간: 20○○.03.08~03.22
  대상: 초등학교 4~6학년
- 김꼭공 작가와의 만남
  기간: 20○○.03.15~03.16
  대상: 초등학교 1~6학년
- 북적북적 그림책 놀이터
  기간: 20○○.03.22~03.29
  대상: 5세~초등학교 3학년

2. 누리집을 보고 물음에 답하세요.

● 이 누리집은 어떤 곳에 대한 내용인가요?　　(　　　　　　　　　　　)

● 이 누리집에서 알 수 있는 내용이 <u>아닌</u> 것은 무엇인가요?

| 휴관일 | 이용 요금 | 소장 자료 |
| 운영 시간 | 찾아가는 길 | 진행 중인 행사 |

● 이 누리집을 보고 알맞게 말하지 <u>못한</u> 친구를 찾아 × 하세요.

매일 밤 늦게까지 운영하나 봐.

찾아가는 길을 알 수 있어서 편리하네.

내가 읽고 싶던 책이 있나 검색해 봐야겠어.

3. 내가 자주 접하는 누리집은 무엇이고, 주로 어떨 때 이용하는지 쓰세요.

시각을 읽자

시계의 긴바늘이 가리키는 숫자가 1이면 **5분**, 2이면 **10분**, 3이면 **15분**…을 나타냅니다.

8시 20분

짧은바늘: 8과 9 사이 → 8시
긴바늘: 4 → 20분

1 시계를 보고 시각을 쓰세요.

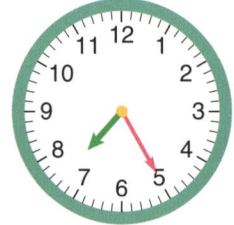 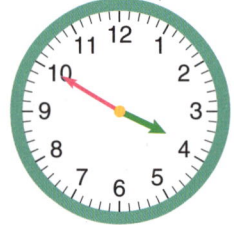 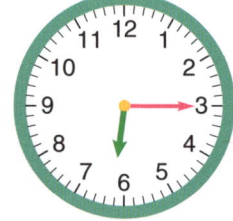

☐시 ☐분   ☐시 ☐분   ☐시 ☐분

 잘 모르겠으면 자를 대고 긴바늘을 더 길게 이어 그려 봐!

☐시 ☐분   ☐시 ☐분   ☐시 ☐분

 시계의 긴바늘이 가리키는 작은 눈금 한 칸은 **1분**을 나타냅니다.

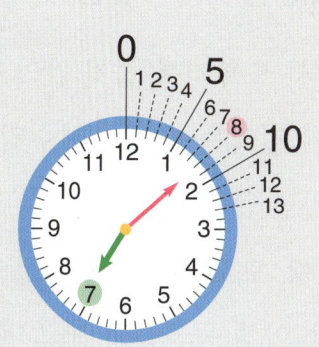

7시 8분

짧은바늘: 7과 8 사이 → 7시

긴바늘: 1에서 작은 눈금으로 3칸 더 → 8분

2 시각을 바르게 읽은 것에 ○를 하세요.

예)  7시 11분 / ⓧ8시 11분ⓧ

 5시 55분 / 6시 55분

 10시 15분 / 11시 15분

 8시 46분 / 9시 46분

 2시 40분 / 8시 13분

 7시 3분 / 12시 38분

도토리를 줍지 말자

1 중심 내용을 찾으며 글을 읽어 보세요.

　산에서 도토리를 줍지 말았으면 좋겠습니다. 가을에 산에 오를 때, 알밤이나 도토리를 주워 가지 말라는 내용의 현수막이 붙어 있지만 지키지 않는 사람들이 많습니다. 왜 도토리를 주워 가면 안 될까요?

가 첫째, 도토리는 야생 동물의 소중한 먹이이기 때문입니다. 사람들은 겨울에도 먹을 것이 많지만, 야생 동물들은 춥고 메마른 겨울 동안 먹을 것을 구하기가 매우 어렵습니다. 그럴 때 도토리는 다람쥐, 청설모, 멧돼지, 곰, 새 등 산에 사는 동물들에게 겨울을 나는 먹이가 됩니다. 마구잡이로 도토리를 주워 가면 굶주린 동물이 먹이를 구하기 위해 산 아래로 내려와 사람들에게 피해를 입히는 일도 생길 수 있습니다.

나 둘째, 국립 공원을 비롯한 자연환경을 보호할 수 있기 때문입니다. 도토리를 줍는 사람들은 길이 아닌 곳으로 들어가 산을 망가뜨리는 일이 많습니다. 낙엽을 파헤치고, 함부로 나무를 흔들거나 가지를 꺾기도 합니다. 이는 야생 동물들이 사는 곳을 파괴하는 일이기도 합니다.

다 셋째, 법을 지키는 일이기 때문입니다. 도토리를 가방이나 봉지에 담아 한꺼번에 많은 양을 주워 가는 것은 '불법 *임산물 *채취'로, 법으로도 금지하고 있습니다.

　이제까지 산에서 도토리를 주우면 안 되는 까닭을 살펴보았습니다. 우리의 작은 노력으로 야생 동물과 자연을 지킬 수 있다는 것을 기억합시다.

* 임산물: 산에서 나는 물품.
* 채취: 자연에서 나는 것을 베거나 캐거나 하여 얻음.

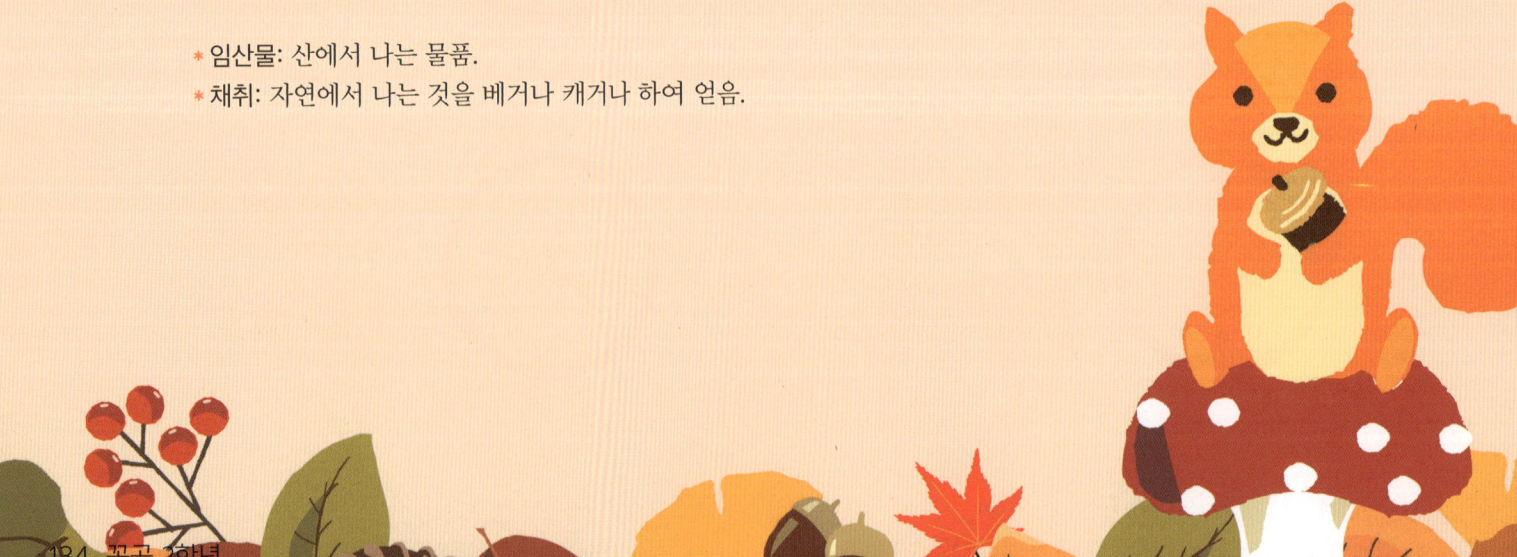

2 글을 읽고 물음에 답하세요.

● 다음 뜻을 가진 세 글자 낱말은 무엇일까요?　　　(　　　　　)

> 참나무에서 열리는, 작은 타원형 모양에 갈색이며 겉이 단단한 열매.

● 가을에 산을 오를 때 현수막에서 볼 수 있는 내용은 무엇일까요?

| 나무를 많이 심자. | 야생 동물을 보호하자. | 도토리를 주워 가지 말자. |

● 이 글에 나온 도토리를 먹는 동물을 모두 찾아 ○ 하세요.

새　　곰　　호랑이　　멧돼지　　고양이　　다람쥐

● 다음은 글 가~다 중 어떤 부분의 중심 내용인지 알맞은 기호를 쓰세요.

| 도토리는 야생 동물의 소중한 먹이가 된다. | 도토리를 많이 주워 가는 것은 법으로도 금지되어 있다. | 도토리를 줍지 않으면 자연환경을 보호할 수 있다. |

3 글을 읽고 글쓴이의 생각에 대한 자신의 생각을 쓰세요.

59 수학

몇 시 몇 분 전일까?

시각은 몇 시 몇 분으로 읽을 수 있고, 몇 시 몇 분 전으로도 읽을 수 있어요.

2시 50분에서 10분이 지나면 3시이므로 2시 50분을 3시 10분 전이라고도 읽을 수 있습니다.

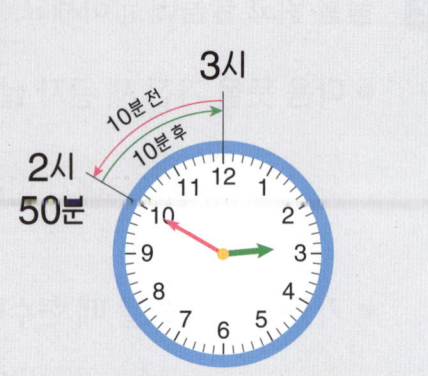

시각이 2시, 3시처럼 정각에 가까울수록 '몇 시 몇 분 전'으로 읽는 경우가 많아. 정각이 될 때까지 몇 분 남았는지 쉽게 알 수 있지!

1 시각을 두 가지로 읽어 보세요.

☐시 ☐분
☐시 ☐분 전

☐시 ☐분
☐시 ☐분 전

☐시 ☐분
☐시 ☐분 전

☐시 ☐분
☐시 ☐분 전

☐시 ☐분
☐시 ☐분 전

☐시 ☐분
☐시 ☐분 전

2 문제를 잘 읽고 시곗바늘을 그려 답을 구하세요.

> 12시 5분 전이면 12시가 되기까지 아직 5분 남았으므로 '11시 몇 분'이 되어야 한다는 것을 다시 한번 짚어 주세요.

버스는 12시 5분 전에 출발합니다.
버스의 출발 시각은 몇 시 몇 분일까요?

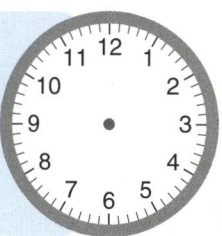

답 _____ 시 _____ 분

주희는 9시 20분 전 학교에 도착했습니다.
주희가 학교에 도착한 시각은
몇 시 몇 분일까요?

답 _____ 시 _____ 분

영화는 1시 10분 전에 시작합니다.
영화가 시작하는 시각은 몇 시 몇 분일까요?

답 _____ 시 _____ 분

주차장에 트럭은 5시 15분 전에 들어왔고,
택시는 4시 30분에 들어왔습니다.
주차장에 먼저 들어온 차는 무엇일까요?

트럭   택시

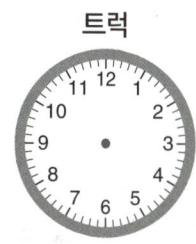 

답

똑딱똑딱 30초 말하기

1 등장인물의 생각을 파악하며 글을 읽어 보세요.

오늘은 동물 마을의 회장 선거를 하는 날입니다. 회장으로 입후보한 동물들은 모두 다섯이나 되었습니다. 저마다 왜 자신이 회장이 되어야 하는지, 30초 동안 연설을 하기로 했습니다.

첫 번째로, 원숭이가 말했습니다.

"내가 회장이 되어야 해. 왜냐하면 나는 말도 잘하고 꾀가 많잖아. 그러니까 마을을 위한 좋은 생각도 많이 해내고, 다른 마을과 의논도 하면서 잘 지낼 수 있을 거야."

곧이어 사자가 말했습니다.

"다들 알지? 나는 용맹하고 싸움을 잘하잖아. 마을에 위험이 닥쳐올 때 내가 마을을 잘 지킬 수 있어. 그러니까 날 뽑아 줘!"

그다음 순서는 곰이었습니다.

"나는 누구보다도 힘이 세지! 무거운 것을 옮기는 것처럼 힘든 일이 있을 때마다 내가 다 도와줄 수 있다고. 그러니까 내가 회장으로 딱이야."

이어서 올빼미가 말했습니다.

"나는 날개가 있으니 높은 곳에서 마을을 살펴볼 수 있어. 게다가 밤에 잠을 자지 않으니까 다들 자는 밤에 일어나는 일도 알 수 있지."

마지막 순서는 나무늘보입니다.

"나는… 모두와… 두루… 사이… 좋아…. 내 친화…력… 발휘… 하면… 다들 싸우…지… 않고… 매일… 사이…좋게…."

"삐익! 죄송한데 늘보 씨, 벌써 2분이나 지났어요."

안타깝지만 나무늘보는 연설을 마무리하지 못했습니다.

2 글을 읽고 물음에 답하세요.

● 오늘은 무슨 날인가요?　　　　　　(　　　　　　　　　　　　　)

● 각 동물이 말한 회장이 되어야 하는 까닭을 찾아 선으로 이으세요.

 원숙이 ●　　　　　　● 힘이 세서 힘든 일이 있을 때마다 도와줄 수 있다.

 사자 ●　　　　　　● 용맹하고 싸움을 잘하므로 마을을 잘 지킬 수 있다.

 곰 ●　　　　　　● 높은 곳에서 마을을 살피고, 밤에 일어나는 일도 알 수 있다.

 올빼미 ●　　　　　　● 말을 잘하고 꾀가 많아 좋은 생각을 해내고, 다른 마을과도 잘 지낼 수 있다.

3 나무늘보가 하려던 뒷말은 무엇일지 상상하여 쓰세요.

4 동물 중 하나를 골라 그 동물이 회장 선거에 나간다면 어떤 말을 할지 자유롭게 쓰세요.

1시간은 60분이야

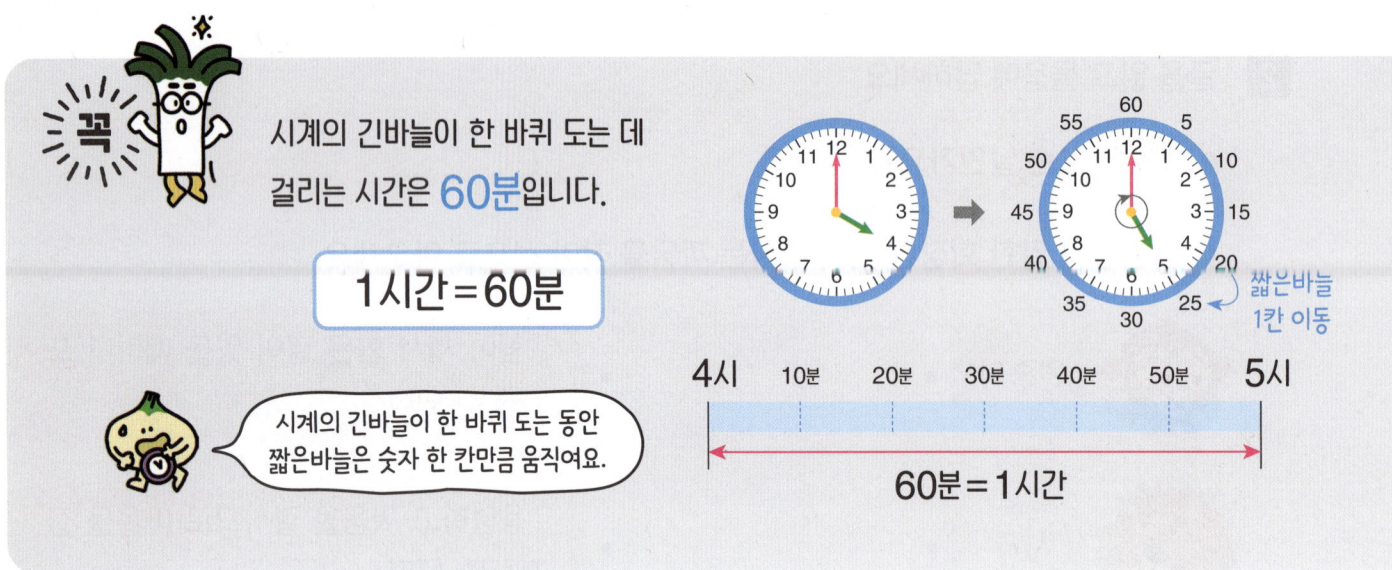

시계의 긴바늘이 한 바퀴 도는 데 걸리는 시간은 60분입니다.

1시간 = 60분

시계의 긴바늘이 한 바퀴 도는 동안 짧은바늘은 숫자 한 칸만큼 움직여요.

1 시계를 보고 시간 띠를 이용해 시간이 얼마나 흘렀는지 알아보세요.

색칠한 칸이 6 칸이므로 흘러간 시간은 60 분 = ☐ 시간입니다.

시간 띠를 색칠해 보자.

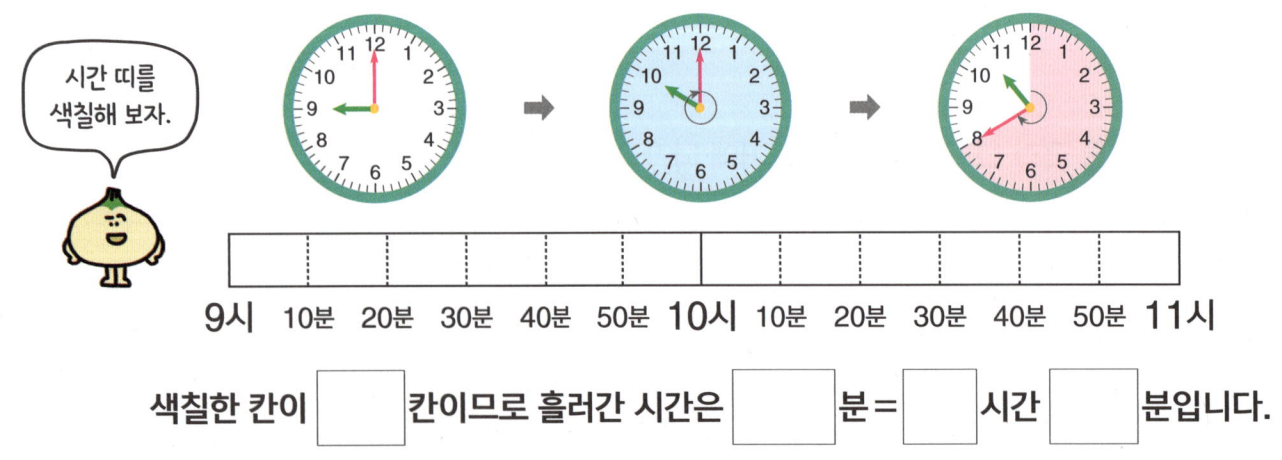

색칠한 칸이 ☐ 칸이므로 흘러간 시간은 ☐ 분 = ☐ 시간 ☐ 분입니다.

(몇 시간 몇 분)을 (몇 분)으로 바꾸거나 (몇 분)을 (몇 시간 몇 분)으로 바꾸어 나타낼 수 있어요.

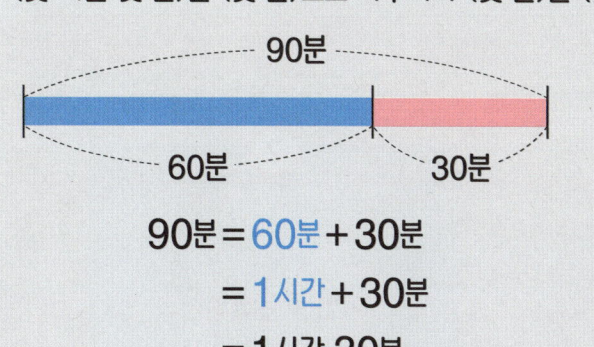

90분 = 60분 + 30분
     = 1시간 + 30분
     = 1시간 30분

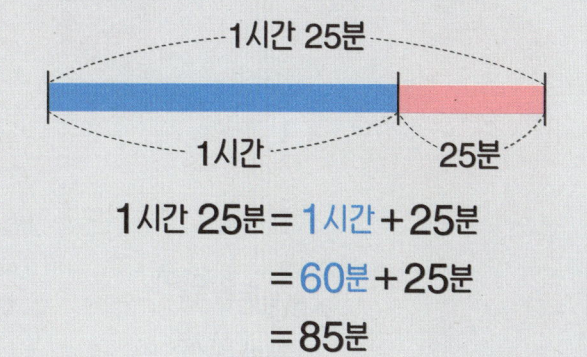

1시간 25분 = 1시간 + 25분
          = 60분 + 25분
          = 85분

2 □ 안에 알맞은 수를 써넣으세요.

80분 = 60 분 + ☐ 분
    = 1 시간 + ☐ 분
    = 1 시간 ☐ 분

2시간 45분 = 2 시간 + ☐ 분
         = 120 분 + ☐ 분
         = ☐ 분

65분 = ☐ 시간 ☐ 분

3시간 = ☐ 분

150분 = ☐ 시간 ☐ 분

1시간 55분 = ☐ 분

175분 = ☐ 시간 ☐ 분

2시간 28분 = ☐ 분

240분 = ☐ 시간

3시간 10분 = ☐ 분

내 생각을 말해요

1 다양한 내용이 담긴 쪽지를 읽어 보세요.

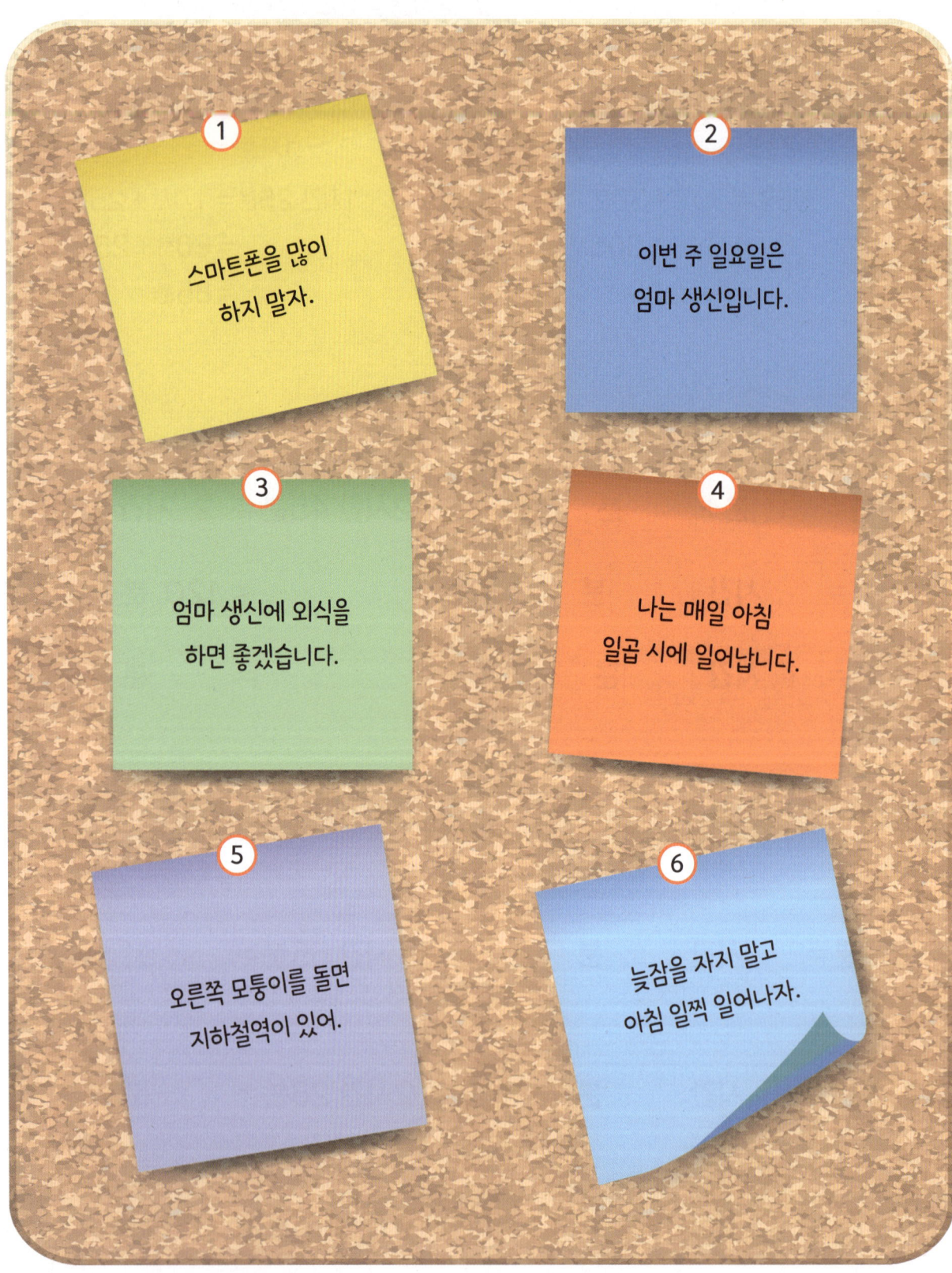

1. 스마트폰을 많이 하지 말자.
2. 이번 주 일요일은 엄마 생신입니다.
3. 엄마 생신에 외식을 하면 좋겠습니다.
4. 나는 매일 아침 일곱 시에 일어납니다.
5. 오른쪽 모퉁이를 돌면 지하철역이 있어.
6. 늦잠을 자지 말고 아침 일찍 일어나자.

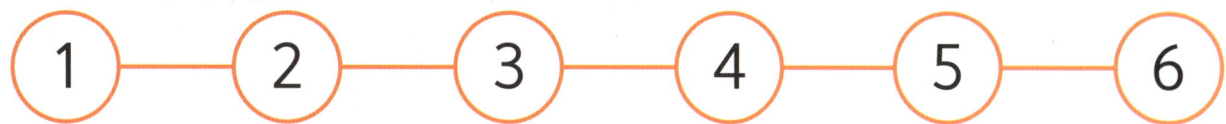

2 생각을 표현한 쪽지를 모두 찾아 번호에 색칠하세요.

① — ② — ③ — ④ — ⑤ — ⑥

3 다음은 어떤 생각에 대한 까닭을 말한 것인지 알맞은 쪽지 번호를 쓰세요. (　　　　)

| 엄마가 요리하지 않고 쉬실 수 있습니다. | 엄마가 좋아하시는 음식을 골라 드실 수 있습니다. | 분위기 좋은 곳에서 가족끼리 특별한 시간을 보낼 수 있습니다. |

4 ⑥의 생각을 온라인 게시판에 썼습니다. 의견이 다른 댓글을 쓴 친구에게 ○ 하세요.

> **늦잠을 자지 않고 아침 일찍 일어날 거예요. 아침을 알차게 보내려고요!**
>
> ↳ 일찍 일어나면 아침 시간을 잘 활용할 수 있어서 좋아요.
> ↳ 아침에 운동하면 기분도 상쾌하더라고요.
> ↳ 늦게까지 푹 자는 것이 건강에 좋다고 생각해요.
> ↳ 일찍 일어나면 오늘 하루의 계획을 여유롭게 세울 수 있죠.

5 ①에 대한 자신의 생각과 그 까닭을 쓰세요.

내 생각	
까닭	

63 수학

시간이 얼마나 걸리지?

1 영화가 시작하는 시각과 끝나는 시각을 알면 영화가 몇 시간 몇 분 동안 하는지 알 수 있어요. 영화의 상영 시간을 구해 볼까요?

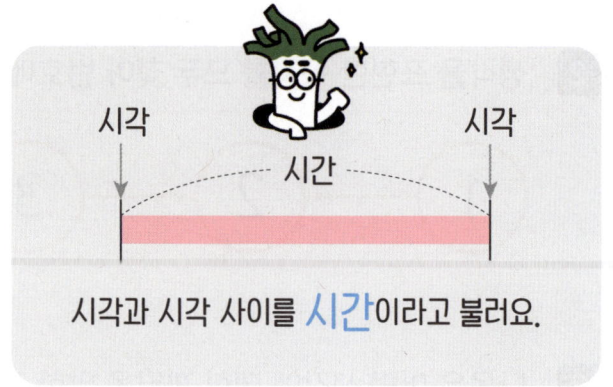

시각과 시각 사이를 **시간**이라고 불러요.

영화 한 편이 시작하는 시각부터 끝나는 시각까지를 영화의 상영 시간이라고 말해.

시작하는 시각: 3시
끝나는 시각: 4시 50분

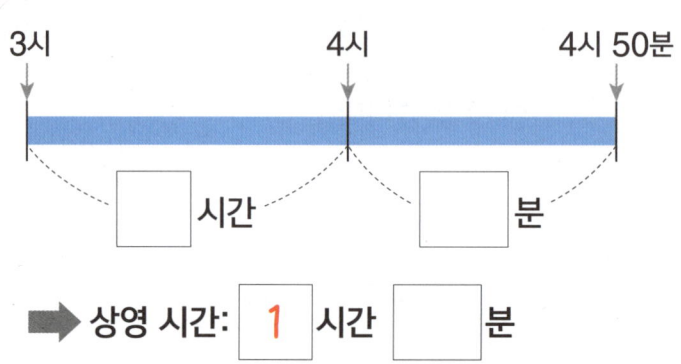

➡ 상영 시간: **1** 시간 ☐ 분

시작하는 시각: 1시 15분
끝나는 시각: 3시 40분

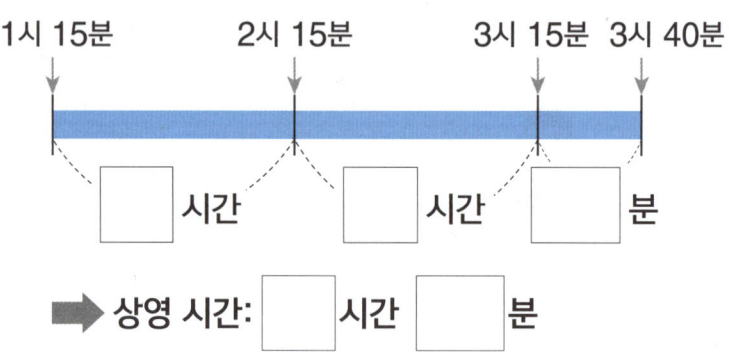

➡ 상영 시간: ☐ 시간 ☐ 분

시작하는 시각: 6시 10분
끝나는 시각: 7시 55분

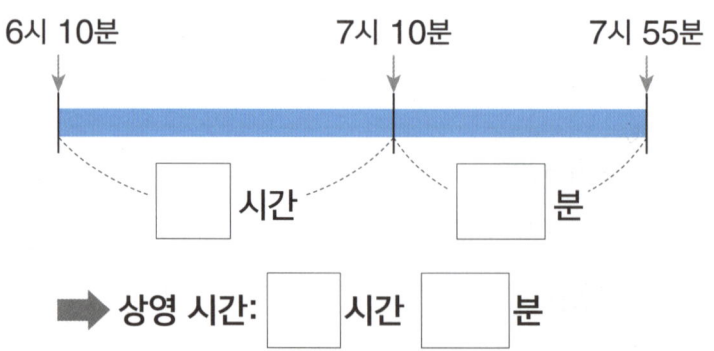

➡ 상영 시간: ☐ 시간 ☐ 분

2 시계를 보고 문장을 완성하세요.

영어 수업을 　10　시　30　분부터 11시 15분까지 했어요.

영어 수업을 ☐ 분 동안 했습니다.

점심시간은 12시에 시작해서 ☐ 시 ☐ 분에 끝났어요.

점심시간은 ☐ 분이에요.

축구 시합은 ☐ 시 ☐ 분에 시작해서 ☐ 시에 끝났어요.

축구 시합을 ☐ 분 동안 했습니다.

바르게 읽고 써요

1 친구들이 쓴 문장에서 <u>틀린</u> 부분에 밑줄을 긋고 고쳐 쓰세요.

누나가 약 올려서 싸웠어.

저녁에 편의점에서 지윤이를 만났어.

오늘은 방을 깨끄시 치울 계획이야.

아까 씨섰는데 줄넘기를 해서 또 땀이 났어.

곰고미 생각해 보니 네 말이 맞는 것 같아.

---

2 밑줄 친 낱말의 발음으로 알맞은 것에 색칠하고, 소리 내어 읽어 보세요.

어제는 흐리더니 오늘은 맑네.	[망네]	[말네]
심하게 넘어지지 않아서 괜찮아.	[괜차나]	[갠차나]
숲이 울창해서 공기가 좋아!	[숩피]	[수피]
어제 산 옷이 참 맘에 들어.	[오시]	[옷시]
온 세상이 눈에 덮여 아름다워.	[더펴]	[덥혀]

3 다음 문장에서 소리 나는 대로 쓴 말을 바르게 고쳐 쓰세요.

선생님 말씀을 듣지 **안코** 뭐 하는 거니?

친구에게 선물을 **바다서** 기쁘다.

설명서를 읽어야지, **그러케** 하면 안 돼.

부산에서 서울까지

1. 7시에 부산역을 출발해서 서울역까지 가는 기차입니다.
경주역, 대전역, 천안역, 서울역에 도착하는 시각을 각각 구하고, 물음에 답하세요.
(단, 각 역에 정차하는 시간은 생각하지 않습니다.)

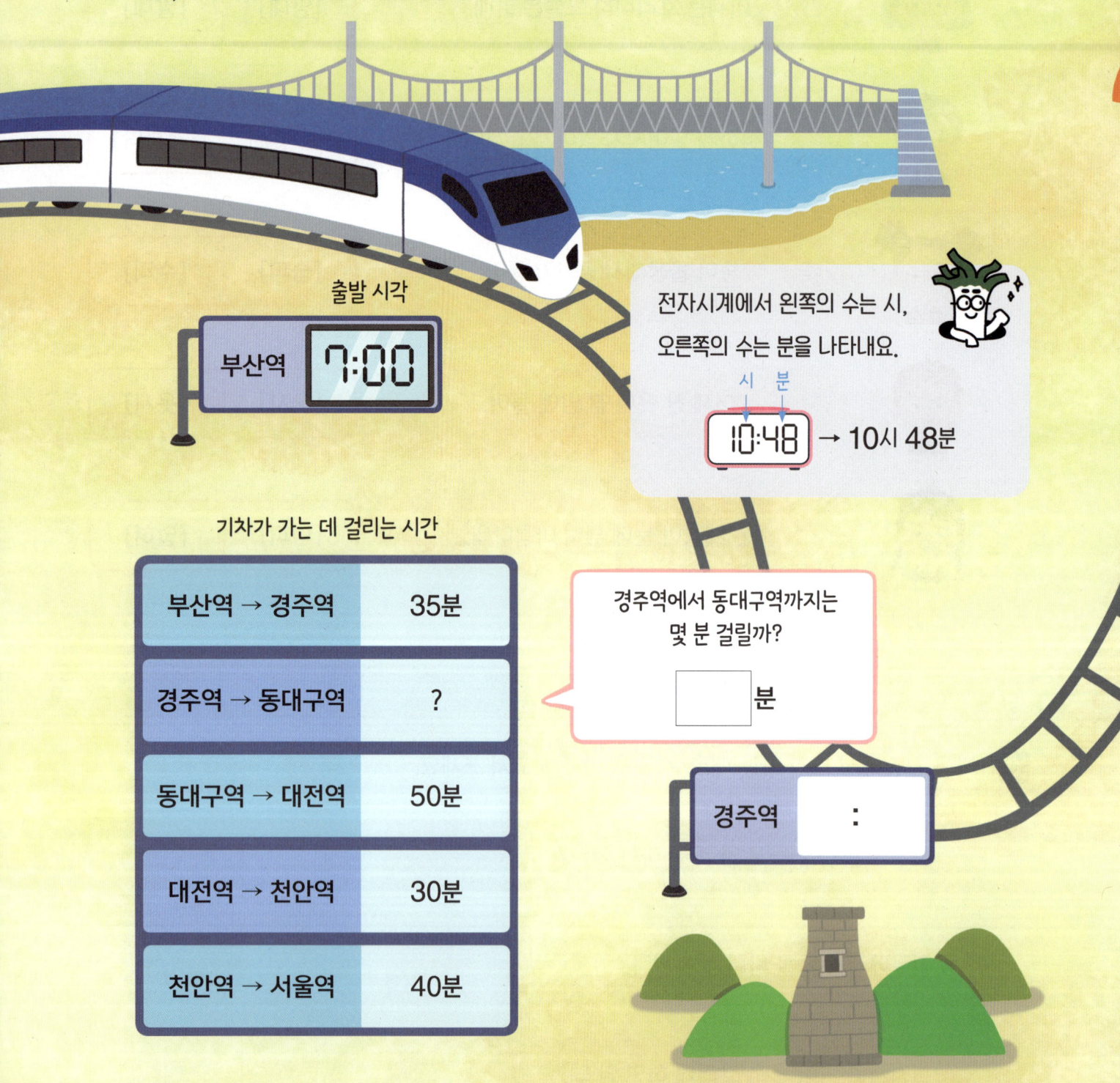

꼭공 복습

★ 글을 읽고 물음에 답하세요. [1-3]

> 이번 식목일에 나무를 심을 계획이에요. ㉠마당의 빈 자리에 무엇을 심을지 정하고 있어요. 아빠가 물었어요.
> "마당에 뭘 심으면 좋을까?"
> 미라가 먼저 말했어요.
> "아빠, 벚나무나 이팝나무를 심는 건 어때요? 봄에 꽃들이 너무 예뻤잖아요. 우리 집 마당에도 ㉡꽃나무를 심어서 꽃이 피면 너무 멋질 거예요."
> 미주도 말했어요.
> "꽃나무도 멋지지만, ㉢저는 과일나무가 좋아요. 할머니 댁 감나무에서 감을 따서 먹었을 때, 참 신기하고 맛있었거든요. 우리도 ㉣과일나무를 키워 직접 따 먹으면 좋겠어요."

1 미라의 가족은 무엇에 대해 의논하고 있는지 쓰세요.

_____

2 ㉠~㉣ 중 등장인물의 생각이 아닌 것은 무엇인가요?

( )

3 각 등장인물의 생각으로 알맞은 것을 찾아 선으로 이으세요.

미라 • • 꽃나무를 심자.

미주 • • 과일나무를 심자.

4 생각을 표현하는 문장을 모두 찾아 ○ 하세요.

| 손을 자주 씻자. |
| 책을 한 권 샀다. |
| 오늘은 늦잠을 잤어. |
| 나무를 많이 심어야 해. |

5 밑줄 친 낱말을 바르게 쓴 것을 모두 고르세요. ( )

① 사이좋게 지냈다.
② 약을 발라서 괜차나.
③ 오자마자 씨섰습니다.
④ 방을 깨끗이 청소했어.
⑤ 공원에서 친구를 만낮어.

6 시계를 보고 시각을 쓰세요.

 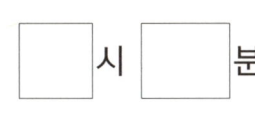

□시 □분

7 주어진 시각을 바르게 나타낸 시계를 찾아 ○ 하세요.

7시 5분 전

(　　)　　(　　)

8 □ 안에 알맞은 수를 써넣으세요.

(1) 2시간 = □분

(2) 110분 = □시간 □분

(3) 1시간 35분 = □분

9 준호가 책을 읽기 시작한 시각과 끝낸 시각을 나타낸 것입니다. 준호가 책을 읽은 시간은 몇 분일까요?

시작한 시각　　　끝낸 시각

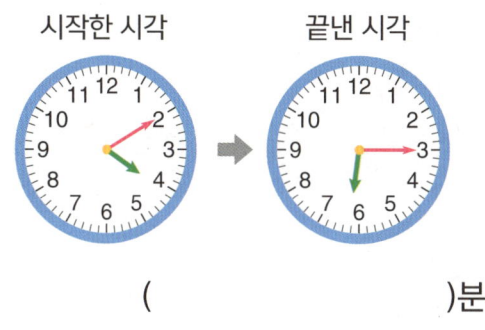

(　　　　)분

10 현규가 체육 활동을 하는 데 걸린 시간을 나타낸 것입니다. 현규가 가장 오래 한 체육 활동은 무엇일까요?

태권도
1시간 10분

축구
85분

수영
75분

(　　　　　　)

꼭공 국어 수학
67~77

우아, 벌써 마지막이야!
끝까지 힘내자!

네 자리 수도 알고 **곱셈구구**도 척척!
내 생각도 **잘 표현**할 수 있어.

학습 계획표

꼭공 내용	꼭공 능력	공부한 날
67 시의 분위기를 생각하며 읽기	어휘 · 맞춤법 · 문장 · **독해** · **글쓰기**	/
68 하루의 시간	**개념** · **연산** · 문장제 · **문제해결** · 추론	/
69 어떡하지 큰일이야	**어휘** · 맞춤법 · 문장 · **독해** · **글쓰기**	/
70 나만의 하루 계획을 세우자	개념 · 연산 · 문장제 · **문제해결** · **추론**	/
71 언니는 신기해	어휘 · 맞춤법 · **문장** · 독해 · **글쓰기**	/
72 1주일, 1달, 1년	**개념** · 연산 · **문장제** · 문제해결 · **추론**	/
73 안녕, 큐브!	어휘 · 맞춤법 · 문장 · **독해** · **글쓰기**	/
74 1분부터 1년까지	개념 · **연산** · **문장제** · 문제해결 · 추론	/
75 나는 으뜸 개구리	**어휘** · 맞춤법 · 문장 · 독해 · **글쓰기**	/
76 친구들의 생일은 언제야?	개념 · 연산 · 문장제 · **문제해결** · 추론	/
77 꼭공 복습	**국어** · **수학**	/

67 시의 분위기를 생각하며 읽기

눈꽃송이

서덕출

송이송이 눈꽃 송이
하얀 꽃송이
하늘에서 피어 오는
하얀 꽃송이
나무에나 뜰 위에나
*동구 밖에나
골고루 나부끼니
보기도 좋네

송이송이 눈꽃 송이
하얀 꽃송이
하늘에서 피어 오는
하얀 꽃송이
크고 작은 *오막집을
가리지 않고
골고루 나부끼니
보기도 좋네

이 시는 동요로도 만들어졌어. 노래도 찾아 들어 보자.

*동구: 동네 어귀.
*오막집: 오두막집.

1 시를 읽고 물음에 답하세요.

- '하얀 꽃송이'는 무엇을 가리키는 말인가요?   (   )

- 이 시는 무엇을 표현했나요?

  | 눈싸움을 하는 모습 | 눈이 흩날리며 내리는 모습 | 눈을 꽃 모양으로 만드는 모습 |

- 이 시에서 떠올릴 수 있는 곳을 모두 찾아 색칠하세요.

  | 나무 | 바다 | 뜰 위 | 오막집 | 동구 밖 |

- 시를 읽고 감상을 알맞게 말하지 못한 친구에게 × 하세요.

 온 세상이 하얗게 눈에 덮이는 장면이 떠올라.

'송이, 꽃송이, 송이송이'로 반복되는 말이 재미있어.

 활짝 피어 있는 꽃들이 보기 좋다고 이야기하고 있어.

하늘에서 내려오는 것을 피어 온다고 말한 게 인상 깊어.

2 눈과 관련된 경험이나 눈을 보고 떠올린 생각을 짧게 쓰세요.

하루의 시간

- 하루는 **24시간**입니다.
- 전날 밤 12시부터 낮 12까지 ➡ **오전**
  낮 12시부터 밤 12시까지 ➡ **오후**

1일 = 24시간

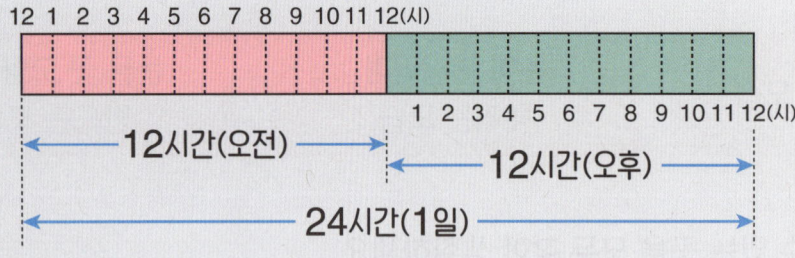

 시계에서 짧은바늘이 한 바퀴 도는 데 걸리는 시간은 12시간!
똑같이 12시를 가리켜도 밤 12시는 자정, 낮 12시는 정오라고 불러요.

1 시각을 보고 알맞은 말에 ○를 하세요.

낮 2시 ➡ (오전 , 오후)

저녁 7시 ➡ (오전 , 오후)

아침 8시 ➡ (오전 , 오후)

밤 10시 ➡ (오전 , 오후)

낮 11시 ➡ (오전 , 오후)

2 □ 안에 알맞은 수를 써넣으세요.

24시간 = □ 일

2일 = □ 시간

1일 10시간 = □ 시간

51시간 = □ 일 □ 시간

3일 5시간 = □ 시간

3 두 시각 사이의 시간이 얼마인지 시간 띠를 색칠하고, □ 안에 알맞은 수를 써넣으세요.

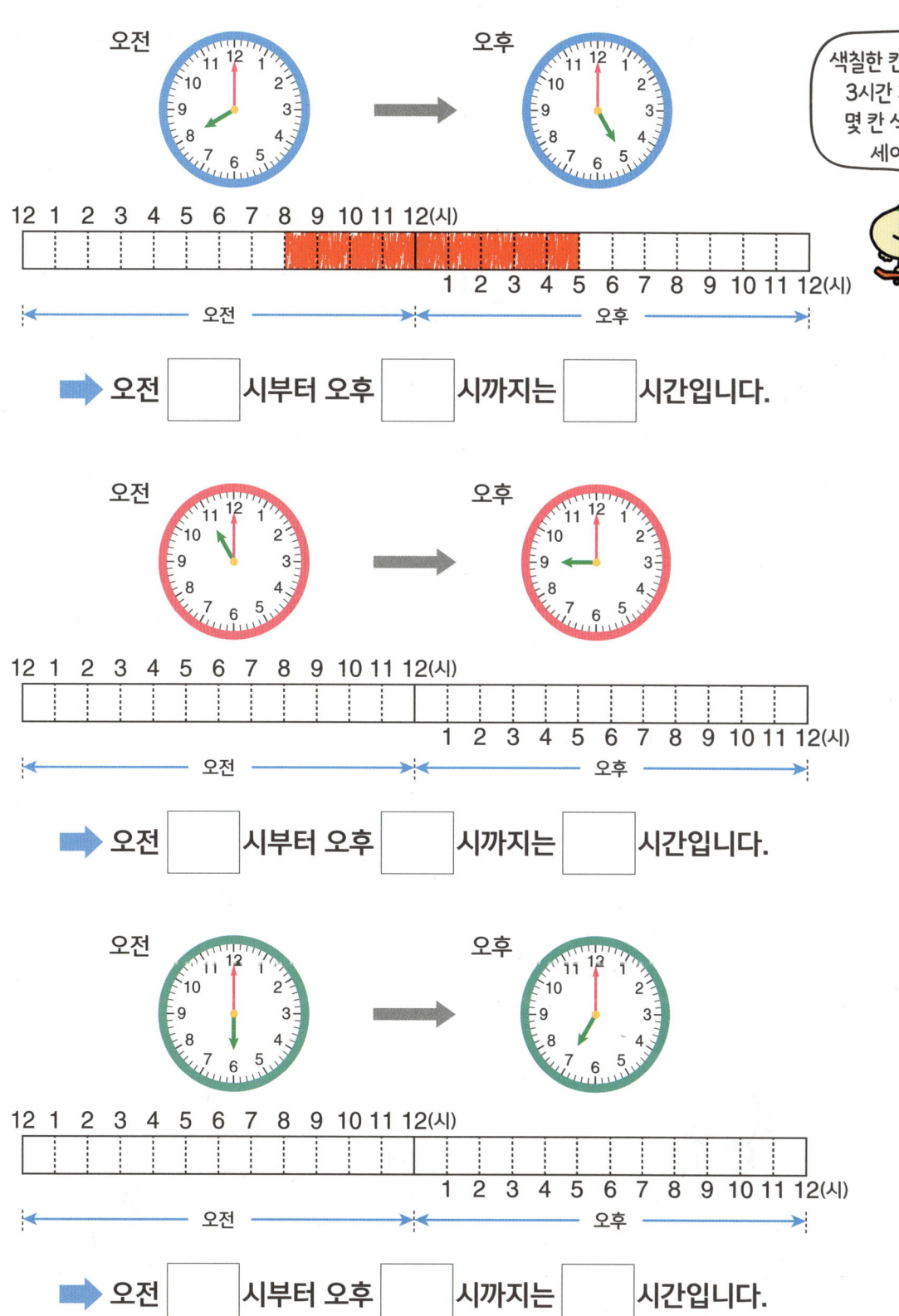

➡ 오전 [ ] 시부터 오후 [ ] 시까지는 [ ] 시간입니다.

➡ 오전 [ ] 시부터 오후 [ ] 시까지는 [ ] 시간입니다.

➡ 오전 [ ] 시부터 오후 [ ] 시까지는 [ ] 시간입니다.

어떡하지 큰일이야

1 겪은 일을 떠올리며 시를 읽어 보세요.

어떡하지 큰일이야.
꾸르르 뽕뽕 뱃속이 부글부글
맛있는 아이스크림 하나만 먹을걸.

어떡하지 큰일이야.
집에 온 언니가 냉동실 뒤적뒤적
언니는 모를 거야 증거는 없잖아.

- 엄마, 아이스크림 어디 갔지?
- 아이스크림 없으면 크림빵 먹으렴.

어떡하지 큰일이야.
아이스크림도 크림빵도 모두 다 사라졌지.
아이고 큰일 났네.
뱃속은 부글부글 내 맘은 조마조마

2 시를 읽고 물음에 답하세요.

● 뱃속이 부글부글한 까닭은 무엇일까요?

_____

● '나'의 마음을 짐작하여 알맞게 말한 친구를 모두 찾아 ○ 하세요.

| 아이스크림을 많이 먹은 걸 후회했을 거야. | 엄마에게 크게 혼나서 무척 속상했을 거야. | 언니가 냉동실을 뒤질 때 조마조마 떨렸을 거야. |

● 다음 대상을 나타내는 흉내 내는 말을 찾아 선으로 이으세요.

뱃속 • • 조마조마

내 맘 • • 부글부글

3 당황스러웠던 경험을 떠올려 시의 일부분을 바꾸어 쓰세요.

어떡하지 큰일이야.
꾸르르 뽕뽕 뱃속이 부글부글
맛있는 아이스크림 하나만 먹을걸.

_____
_____
_____

나만의 하루 계획을 세우자

1 준경이의 하루 생활 계획표입니다.
☐ 안에 바르게 나타낸 것에는 ○, 잘못 나타낸 것에는 ✕를 하세요.

2 나만의 약속을 정하고, 생활 계획표를 만들어 보세요.

나만의 약속

나는 매일 아침 _____시에 일어날 거예요.

나는 매일 _____시간 동안 공부하겠습니다.

매일매일 공부하는 습관은 정말 중요해.

나는 매일 _____시간 동안 _____을(를) 하겠습니다.

나는 매일 밤 _____시에 잠자리에 들 거예요.

일찍 자고 일찍 일어나자.

_____ 의 생활 계획표

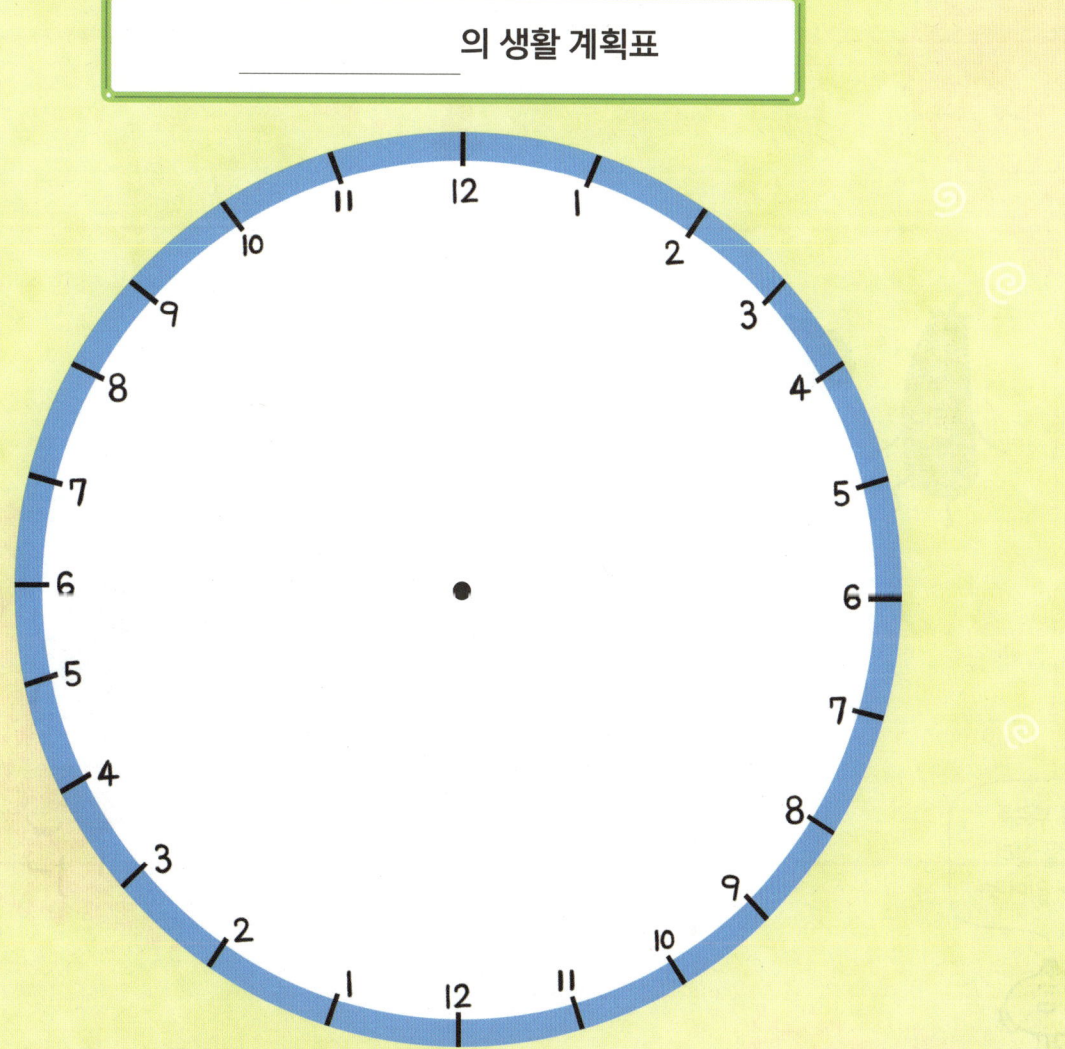

71 언니는 신기해

1 자신의 경험을 쓴 글을 노랫말로 바꾸었습니다. 두 글이 어떻게 다른지 비교하며 읽어 보세요.

가 오늘 식탁에는 내가 싫어하는 음식이 많았다. 가지는 너무 물컹해서 이상하고, 브로콜리는 딱딱하고 아무 맛도 나지 않아서 싫어한다. 그래서 엄마에게 먹기 싫다고 말했다.

나 내가 좋아하는 음식은 빵이랑 과자, 케이크랑 피자인데, 이것들만 매일매일 먹으면 좋겠다는 생각이 든다.

다 엄마는 군것질을 많이 하면 안 된다고, 먹기 싫은 음식도 골고루 잘 먹어야 키가 큰다고 하셨다. 언니는 내가 싫어하는 음식을 모두 다 잘 먹는다. 정말 신기하다. 그래서 언니가 키가 큰가 보다.

엄마, 먹기 싫어요
가지는 이상해, 물컹물컹해
브로콜리도 싫어, 아무 맛 안 나

내가 좋아하는 건
말랑말랑 빵이랑 바삭바삭 과자
폭신폭신 케이크, 쫄깃쫄깃 피자
매일 먹음 좋겠어, 정말 좋겠어

언니는 신기해, 뭐든 잘 먹어
골고루 먹어야 키가 잘 큰대
그래서 언니가 키가 큰가 봐

노래를 부르듯 리듬감을 살려 소리 내어 읽어 봐.

2. 글 가~다의 경험을 노랫말로 바꾼 내용을 찾아 선으로 이으세요.

 •

• 언니는 신기해, 뭐든 잘 먹어
골고루 먹어야 키가 잘 큰대
그래서 언니가 키가 큰가 봐

 •

• 엄마, 먹기 싫어요
가지는 이상해, 물컹물컹해
브로콜리도 싫어, 아무 맛 안 나

 •

• 내가 좋아하는 건
말랑말랑 빵이랑 바삭바삭 과자
폭신폭신 케이크, 쫄깃쫄깃 피자
매일 먹음 좋겠어, 정말 좋겠어

3. 음식이 먹기 싫어 편식을 한 적이 있나요? 경험을 떠올려 노랫말의 일부분을 바꾸어 쓰세요.

엄마, 먹기 싫어요

가지는 이상해, 물컹물컹해

브로콜리도 싫어, 아무 맛 안 나

4. 글에 나온 흉내 내는 말 중 하나를 넣어 시나 노랫말의 한 구절을 만들어 보세요.

말랑말랑   바삭바삭   폭신폭신   쫄깃쫄깃

1주일, 1달, 1년

- 일요일부터 토요일까지의 7일을 1주일이라고 합니다.
- 일, 월, 화, 수, 목, 금, 토요일이 반복됩니다.
- 7일마다 같은 요일이 반복됩니다.

1주일 = 7일

- 1월부터 12월까지를 1년이라고 합니다.
- 각 달은 30일 또는 31일이고, 2월은 28일 또는 29일입니다.

1년 = 12개월

월	1	2	3	4	5	6	7	8	9	10	11	12
날수(일)	31	28	31	30	31	30	31	31	30	31	30	31

2월은 4년마다 29일이 됩니다.

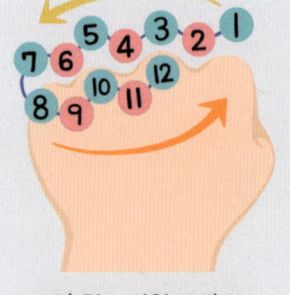

주먹 쥐고 외워 보세요!
튀어나온 달은 31일이고,
쏙 들어간 달은 30일이거나
28(29)일이에요.

1 같은 날짜를 들고 있는 친구들끼리 선으로 이으세요.

1주 5일

30일

4주 2일

12일

몇 주 며칠을 며칠로 바꿔서 찾아보자!

3주 6일

27일

2 어느 해 11월 달력입니다. 물음에 답하세요.

11월

일	월	화	수	목	금	토
			1	2	3	4
5	6	7	8	9	10	11
12	13	14	15	16	17	18
19	20	21	22	23	24	25
26	27	28	29	30		

> 달력의 숫자는 1부터 차례로 쓰는 거야. 11월은 1일부터 30일까지 있지!

→ 세로로 같은 줄인 날은 모두 같은 요일!

같은 요일은 7일마다 반복되지!

11월 6일은 무슨 요일일까요?

답 _____ 요일

10월 31일은 무슨 요일일까요?

답 _____ 요일

11월 16일에서 1주일 후는 11월 며칠일까요?

답 _____ 일

12월 1일은 무슨 요일일까요?

답 _____ 요일

11월 중 화요일인 날짜를 모두 쓰세요.

답 _____

11월 29일부터 12월 4일까지 음악회가 열립니다. 음악회가 열리는 기간은 모두 며칠일까요?

답 _____ 일

안녕, 큐브!

1 이야기의 흐름을 생각하며 글을 읽어 보세요.

"학교 다녀왔습니다!"

예지는 유난히 힘차게 인사를 하며 집으로 들어왔어요. 오늘은 기대하던 AI 로봇이 집에 오는 날이었거든요. 그동안 조르고 졸라 생일 선물로 받기로 했는데, 마침내 오늘 도착할 거란 소식에 얼마나 설레었는지 몰라요.

하지만 예지는 잔뜩 실망하고 말았어요. 딱 봐도 최신식이랑은 거리가 먼, 낯설고 괴상한 구닥다리 로봇이었거든요.

"엄마, 이게 뭐예요? 대체 이게 언제 적 모델이래요?"

예지는 볼을 잔뜩 부풀린 채 불퉁하게 말했어요. 엄마는 태연하게 대답했지요.

"네가 사 달라 사 달라 노래를 불렀잖아. 이번에 크게 세일하길래 큰맘 먹고 산 건데, 그렇게 싫으면 반품하고."

"아, 아니에요…."

예지는 힘없이 대답했어요. 이번에 반품한다면 엄마는 앞으로 절대 안 사 주실지도 몰라요. 이왕 온 거, 예지는 일단 전원을 켜 보았어요.

"안녕하세요, 큐브입니다. 만나서 반가워요! 제 이름은 ＣＵＢＥ 큐브! 제 MBTI 는 ＣＵＴＥ 큐트! 귀엽고 깜찍한 차세대 AI 로봇입니다."

"윽, 뭐라는 거야?"

구닥다리 모델답게 인사말 설정도 괴상하기 짝이 없었어요.

"휴우…."

예지는 인상을 찌푸리며 한숨을 쉬었어요. 친구들에게 잔뜩 자랑해서 내일 다들 놀러 오기로 했거든요.

아니나 다를까, 다음 날 놀러온 친구들은 무척 신기하다는 듯 말했지요.

"우아, 얘는 언제 적 로봇이래? 옛날에 우리 오빠가 쓰던 거보다 더 오래된 거 같아."

"목소리도 막 삐릭삐릭 기계음 같아서 신기한데?"

친구들의 말에 예지는 부끄러워 쥐구멍이라도 찾고 싶었지요.

그러나 며칠 뒤, 예지는 큐브가 얼마나 멋진 로봇인지 깨닫게 되었어요.

2 글을 읽고 물음에 답하세요.

● 로봇의 이름은 무엇인가요?   (   )

● 밑줄 친 내용에서 드러난 예지의 마음은 어떠한가요?

| 설렘 | 즐거움 | 두근거림 | 실망스러움 |

● 예지가 집에 놀러 온 친구들 앞에서 부끄러웠던 까닭은 무엇인가요?

| 자신만 로봇이 없어서 | 집 청소를 하지 못해서 | 로봇이 오래된 모델이어서 |

● 일이 일어난 차례대로 번호를 쓰세요.

| 로봇의 전원을 켜 봄. | 친구들이 집에 놀러 옴. | 예지가 학교에서 집으로 옴. | 예지가 도착한 로봇을 보고 실망함. |

3 이어질 이야기를 자유롭게 상상하여 쓰세요.

1분부터 1년까지

1 □ 안에 알맞은 수를 써넣으세요.

> 1시간=60분, 1일=24시간, 1주일=7일, 1년=12개월이라는 여러 가지 시간 단위 사이의 관계를 되짚어 봅니다. 자꾸 틀리는 부분이 있다면 앞으로 돌아가 다시 한번 연습하세요.

1시간 = ☐ 분

170분 = ☐ 시간 ☐ 분

2시간 15분 = ☐ 분

220분 = ☐ 시간 ☐ 분

4시간 20분 = ☐ 분

1일 = ☐ 시간

49시간 = ☐ 일 ☐ 시간

2일 16시간 = ☐ 시간

33시간 = ☐ 일 ☐ 시간

7일 = ☐ 주일

2주일 = ☐ 일

17일 = ☐ 주일 ☐ 일

4주일 = ☐ 일

23일 = ☐ 주일 ☐ 일

12개월 = ☐ 년

1년 4개월 = ☐ 개월

25개월 = ☐ 년 ☐ 개월

2년 5개월 = ☐ 개월

19개월 = ☐ 년 ☐ 개월

2 문제를 잘 읽고 답을 구하세요.

책을 주문했더니 50시간 걸려 도착했습니다.
책이 도착하는 데 걸린 시간은
며칠 몇 시간일까요?

답 _____ 일 _____ 시간

서울에서 전주까지 기차로는 115분 걸리고,
버스로는 2시간 40분 걸립니다.
기차와 버스 중에서 어느 것을 타야
시간이 더 적게 걸릴까요?

답 _____

피아노를 영주는 1년 8개월 동안 배웠고,
기영이는 18개월 동안 배웠습니다.
피아노를 더 오래 배운 사람은 누구일까요?

답 _____

동화책 전집을 읽는 데 지효는 28일 걸렸고,
경민이는 3주일 5일 걸렸습니다.
동화책 전집을 더 빨리 읽은 사람은 누구일까요?

답 _____

나는 으뜸 개구리

꼭

여러 가지 토박이말

- **미리내**: 흰 구름 모양으로 길게 보이는 수많은 천체의 무리, 즉 '은하수'를 뜻해요. 여기서 '내'는 골짜기나 들판에 흐르는 작은 물줄기를 나타내는 말이에요.
- **으뜸**: 여럿 가운데 가장 뛰어나거나 순서에서 첫째가는 것을 뜻해요. 으뜸의 바로 아래는 '버금'이라고 말해요.
- **너울**: 바다의 크고 사나운 물결을 뜻해요.
- **갈무리**: 무엇을 잘 정리하여 보관하는 것을 뜻해요.

TIPTALK

'미리내' 외에도 별과 관련된 순우리말에 대해 이야기를 나누어 보면 더 재미있을 거예요. 흔히 쓰는 '별자리', '별똥별'이란 말도 순우리말이지요.
금성은 해 질 녘 서쪽 하늘에 있을 때는 '개밥바라기', 새벽에 동쪽 하늘에서 빛날 때는 '샛별'이라 불러요. 별자리 중에서도 카시오페이아자리는 그 모양을 따서 '닻별'이라 불렀어요.

---

1 개구리의 말에 들어갈 토박이말은 무엇일까요? 알맞은 토박이말과 같은 색으로 □을 색칠하세요.

 으뜸　 너울　 미리내　 갈무리

아무도 없는 밤, 하늘의 □을/를 보며 뜀뛰기 연습을 하는 게 요즘 내 취미야!

너무 많이 먹는 거 아니냐고? 이건 다 내 뱃속에 □해 두는 거라고!

우리 연못에서는 내가 □가는 멋쟁이라 할 수 있지.

내 헤엄 솜씨가 바다에서도 먹힐까? 바다의 □은/는 이 연못과는 비교도 안 된다지?

2 여러 가지 토박이말을 바르게 따라 쓰세요.

으	뜸
으	뜸

너	울
너	울

으	뜸	가	다
으	뜸	가	다

버	금
버	금

미	리	내
미	리	내

갈	무	리
갈	무	리

3 토박이말을 넣어 짧은 문장을 만들어 보세요.

예 쓰고 난 물건은 잘 갈무리해 두어야 나중에 쉽게 찾을 수 있어.

76 수학

친구들의 생일은 언제야?

1 비어 있는 7월과 8월 달력을 완성하고, 동물 친구들의 생일을 찾아 표시해 보세요.

오리: 내 생일은 6월 30일이야.

곰: 난 오리보다 5일 늦게 태어났어.

개구리: 내 생일은 오리보다 3주일 빨라.

6월

일	월	화	수	목	금	토
		1	2	3	4	5
6	7	8	9	10	11	12
13	14	15	16	17	18	19
20	21	22	23	24	25	26
27	28	29	♡30♡ 오리			

달력에 날짜를 써 보자. 7월은 며칠까지 있지?

7월

일	월	화	수	목	금	토
				1	2	3
4	5	6	7	8	9	10
11	12	13	14	15	16	17
18	19	20	21			

내 생일은 8월 둘째 토요일이야.

돼지

내 생일은 돼지보다 2주일 늦어.

토끼

8월

일	월	화	수	목	금	토

꼭공 복습

★ 글을 읽고 물음에 답하세요. [1-4]

> 산책길
>
> 내게는 매일 저녁 숙제
> 가끔은 귀찮지만
> 강아지는 온종일 기다리던 선물
> 마냥 신나는 산책
>
> 매일 보는 세상인데 늘 새롭지
> 바람을 맞으며 모든 게 즐겁지
> 여기저기 코 박고 킁킁
> 친구 만나 꼬리를 흔들
>
> 강아지 신난 모습 보면
> <u>나도 모르게 웃음이 나네</u>

1 글을 읽고 떠오르는 장면으로 알맞은 것에 ○ 하세요.

(   )   (   )

2 '매일 저녁 숙제'가 가리키는 것은 무엇인지 쓰세요.

_____

3 이 글에서 보거나 겪은 일이 <u>아닌</u> 것에 × 하세요.

- 저녁에 강아지와 산책한 일
- 강아지들끼리 반가워한 일
- 강아지와 달리다가 넘어진 일

4 자신이 겪은 일을 떠올려 밑줄 친 내용을 바꾸어 쓰세요.

_____
나도 모르게 웃음이 나네

5 빈칸에 알맞은 토박이말을 보기 에서 찾아 문장을 완성하세요.

보기
미리내   으뜸   너울   갈무리

(1) 줄넘기 실력이 _____ 이야.

(2) _____ 해 두고 집에 가자.

6 빈칸에 오전, 오후 중에서 알맞은 말을 써넣어 문장을 완성하세요.

오늘 선주는 _____ 7시 30분에 일어났고, _____ 10시에 잠자리에 들었습니다.

7 □ 안에 알맞은 수를 써넣으세요.

(1) 1일 7시간 = ☐ 시간

(2) 22일 = ☐ 주일 ☐ 일

(3) 1년 9개월 = ☐ 개월

8 날수가 나머지와 다른 하나는 어느 것일까요? ( )

① 8월 ② 6월
③ 10월 ④ 3월
⑤ 12월

9 어느 해 5월 달력입니다. 달력을 보고 물음에 답하세요.

5월

일	월	화	수	목	금	토
	1	2	3	4	5	6
7	8	9	10	11	12	13
14	15	16	17	18	19	20
21	22	23	24	25	26	27
28	29	30	31			

(1) 5월 9일에서 일주일 후의 날짜를 쓰세요.

( )

(2) 이달의 넷째 금요일은 5월 며칠일까요?

( )

(3) 6월 1일은 무슨 요일일까요?

( )

10 줄넘기 학원을 민서는 1년 3개월 동안 다녔고, 규진이는 17개월 동안 다녔습니다. 줄넘기 학원을 더 오래 다닌 사람은 누구일까요?

( )

| 지은이 | 기적학습연구소 |

"혼자서 작은 산을 넘는 아이가 나중에 큰 산도 넘습니다"

본 연구소는 아이들이 혼자서 큰 산까지 넘을 수 있는 힘을 키워 주고자 합니다.
아이들의 연령에 맞게 학습의 산을 작게 만들어 혼자서도 쉽게 넘을 수 있게 만듭니다.
때로는 작은 고난도 경험하게 하여 성취감도 맛보게 합니다.
그리고 아이들에게 실제로 적용해서 검증을 통해 차근차근 책을 만들어 갑니다.

 **2학년 2권**

초판 발행 2025년 5월 30일

지은이 기적학습연구소
발행인 이종원
발행처 길벗스쿨
출판사 등록일 2006년 6월 16일
주소 서울시 마포구 월드컵로 10길 56(서교동 467-9)
대표 전화 02)332-0931　　**팩스** 02)323-0586
홈페이지 www.gilbutschool.co.kr　　**이메일** gilbut@gilbut.co.kr

기획총괄 신경아(skalion@gilbut.co.kr), 김미숙(winnerms@gilbut.co.kr)　　**책임 편집 및 진행** 김정현, 이선진, 이선정
제작 이준호, 손일순, 이진혁　　**영업마케팅** 문세연, 박선경, 구혜지, 박다슬　　**웹마케팅** 박달님, 이재윤, 이지수, 나혜연
영업관리 김명자, 정경화　　**독자지원** 윤정아

디자인 퍼플페이퍼 정보라　　**일러스트** 김건우, 이경희　　**캐릭터** 젠틀멜로우
전산 편집 린 기획　　**인쇄** 상지사　　**제본** 상지사
이미지 출처 한국방송광고진흥공사(114쪽, 〈쓸수록 줄어듭니다〉)

▶ 이 책은 저작권법의 보호를 받는 저작물로 이 책에 실린 모든 내용, 디자인, 이미지, 편집 구성은
　허락 없이 복제하거나 다른 매체에 옮겨 실을 수 없습니다.
▶ 인공지능(AI) 기술 또는 시스템을 훈련하기 위해 이 책의 전체 내용은 물론 일부 문장도 사용하는 것을 금지합니다.
▶ 잘못된 책은 구입한 서점에서 바꿔 드립니다.

ISBN 979-11-6406-924-8 63700 (길벗스쿨 도서번호 10998)
정가 16,800원

독자의 1초를 아껴주는 정성 길벗출판사 --------

길벗스쿨 국어학습서, 수학학습서, 영어학습서, 유아동 단행본
길벗 IT실용서, IT/일반 수험서, IT전문서, 어학단행본, 어학수험서, 경제실용서, 취미실용서, 건강실용서, 자녀교육서
더퀘스트 인문교양서, 비즈니스서

꼭공 완료!

앗!

본책의 정답과 풀이를 분실하셨나요?
길벗스쿨 홈페이지에 들어오시면 내려받으실 수 있습니다.
https://school.gilbut.co.kr/

더 개념

블랙라벨

2학년 | 2권

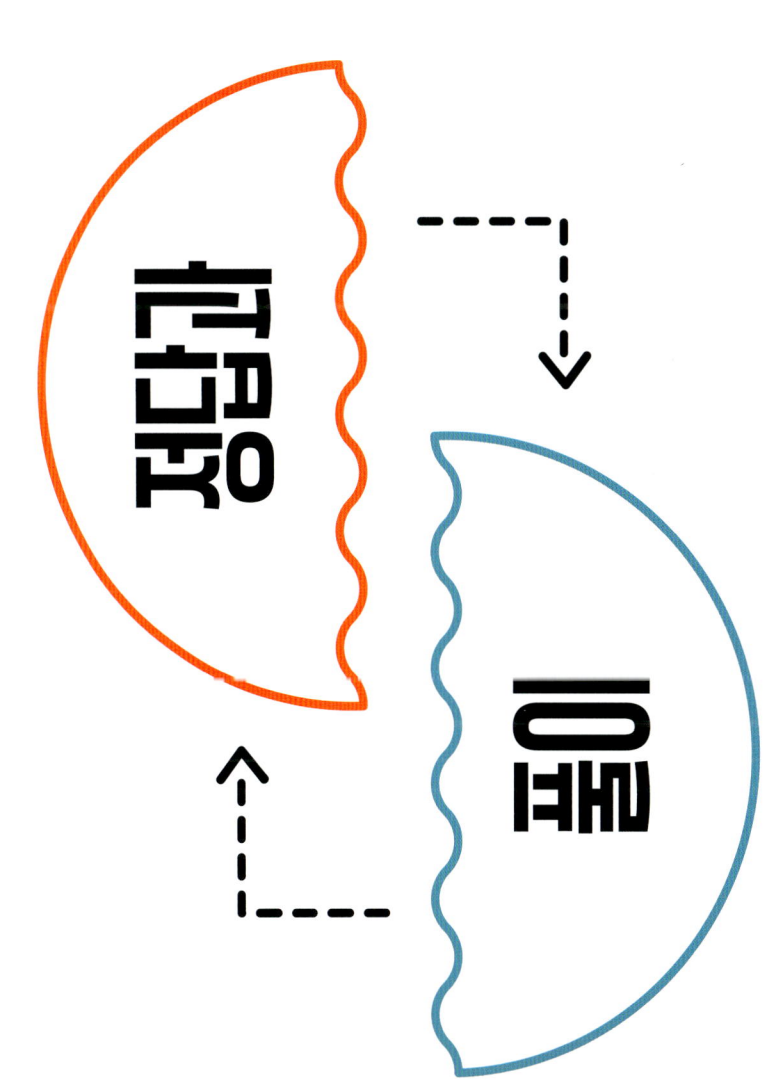

정답 / 풀이

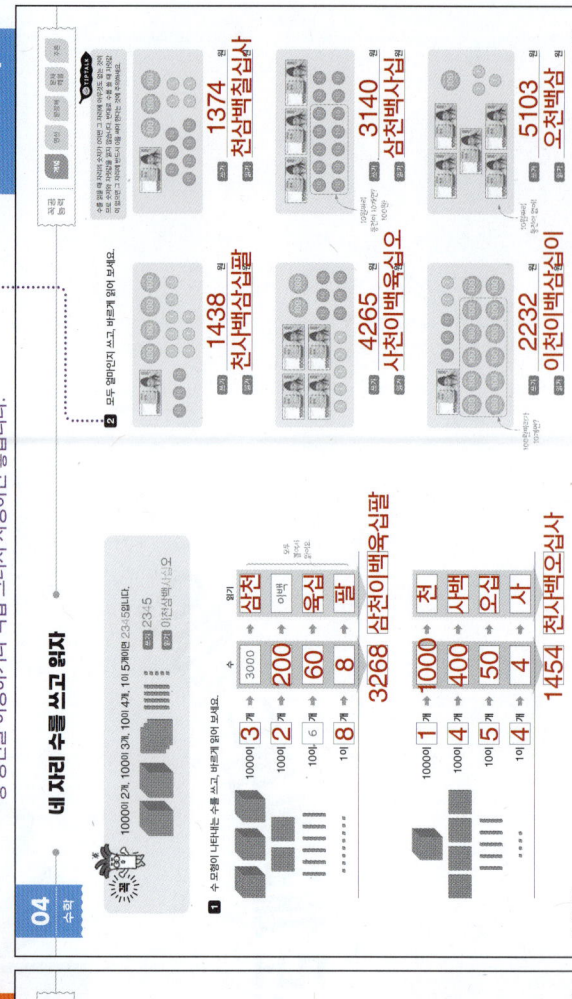
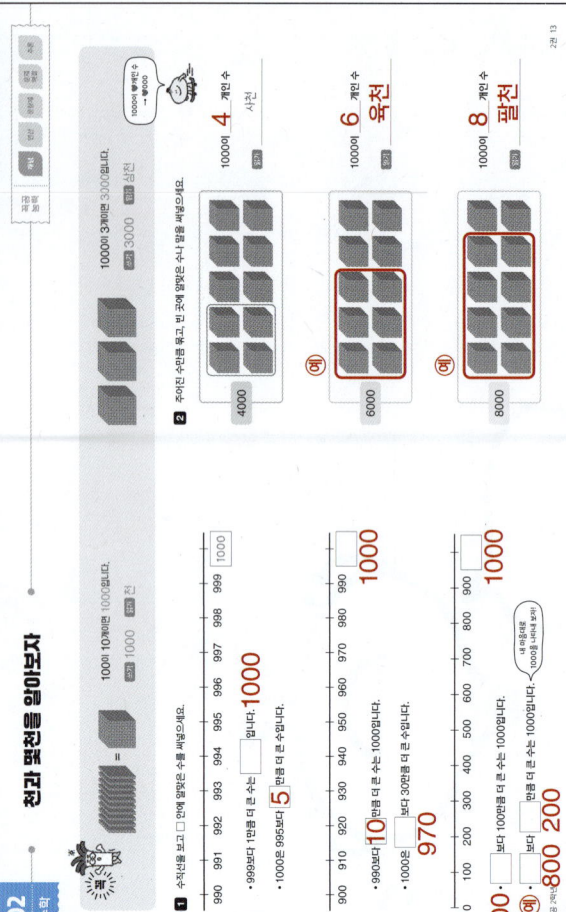

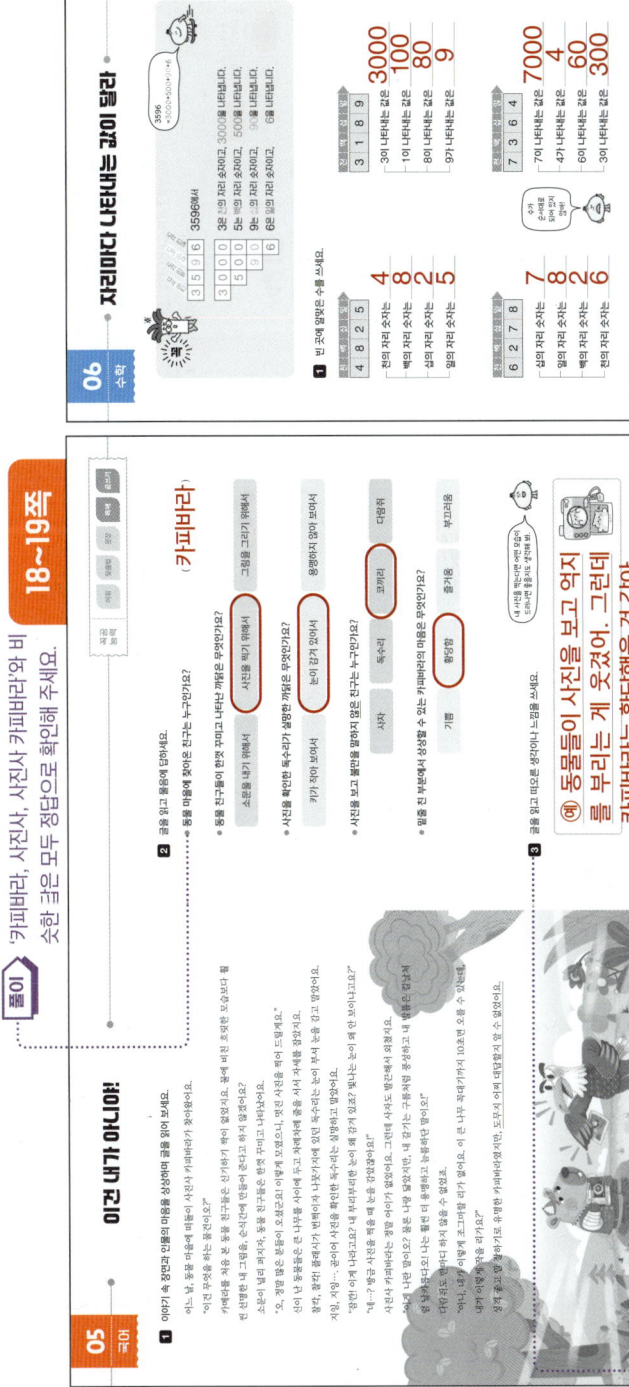

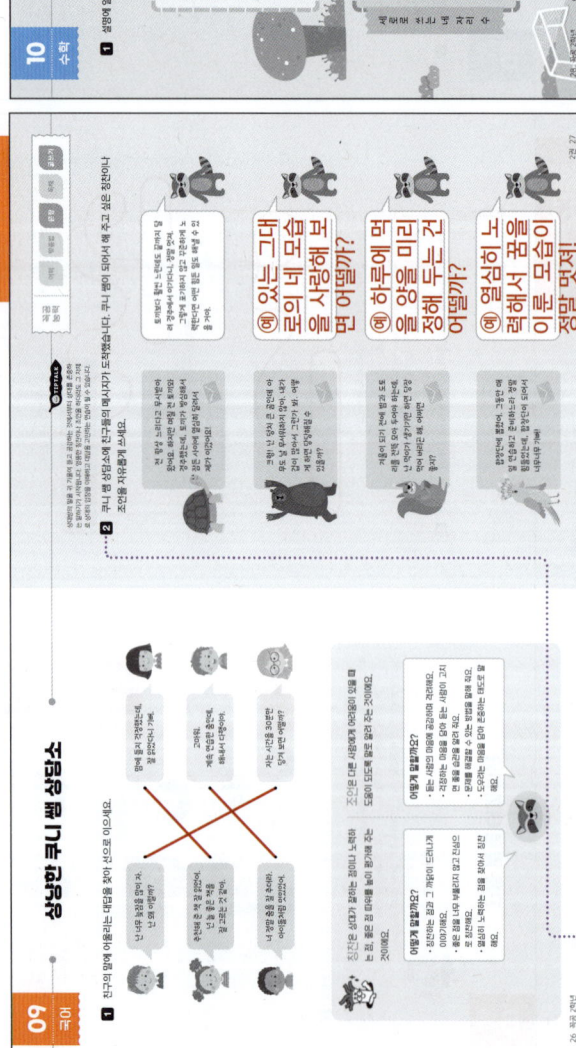

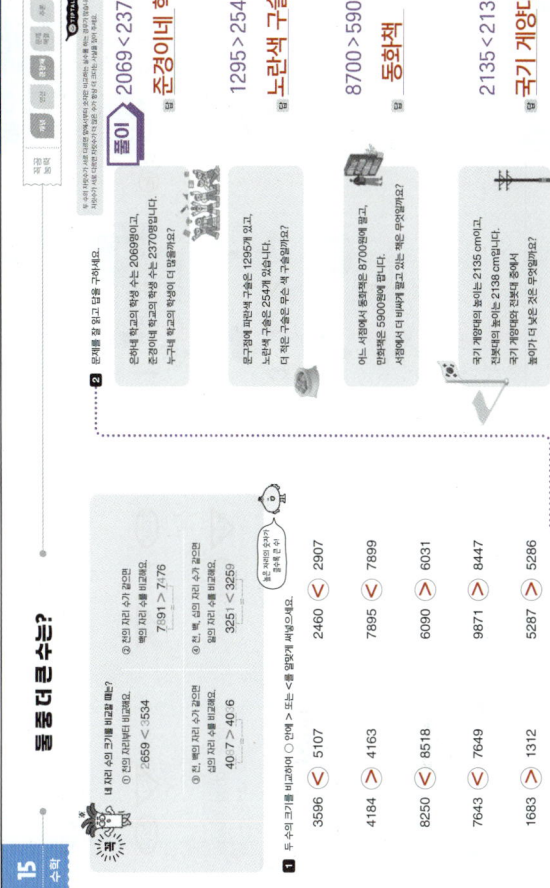

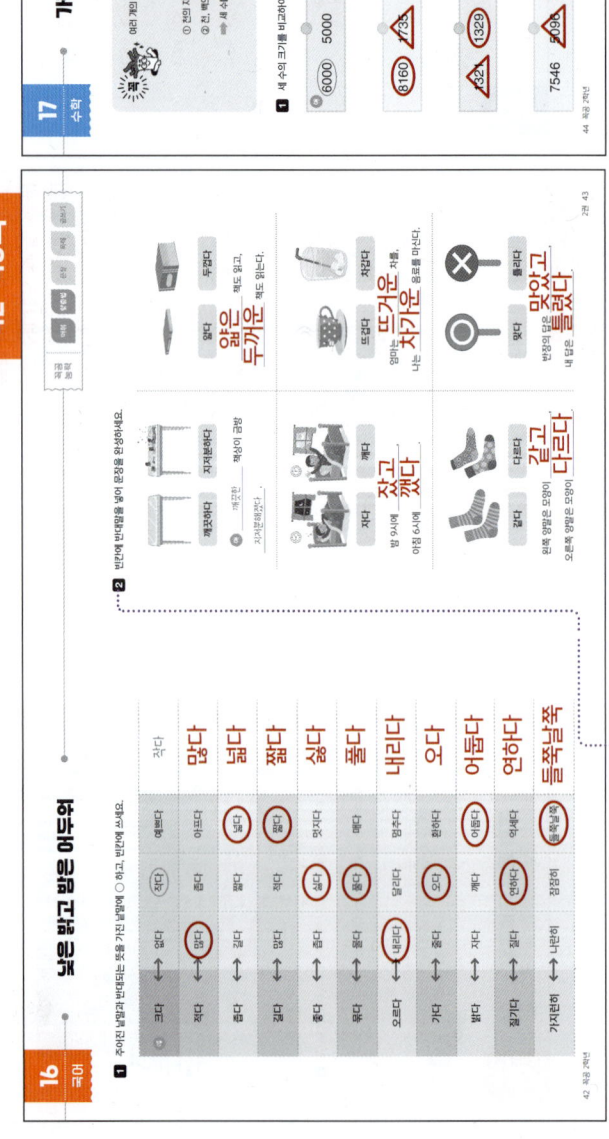

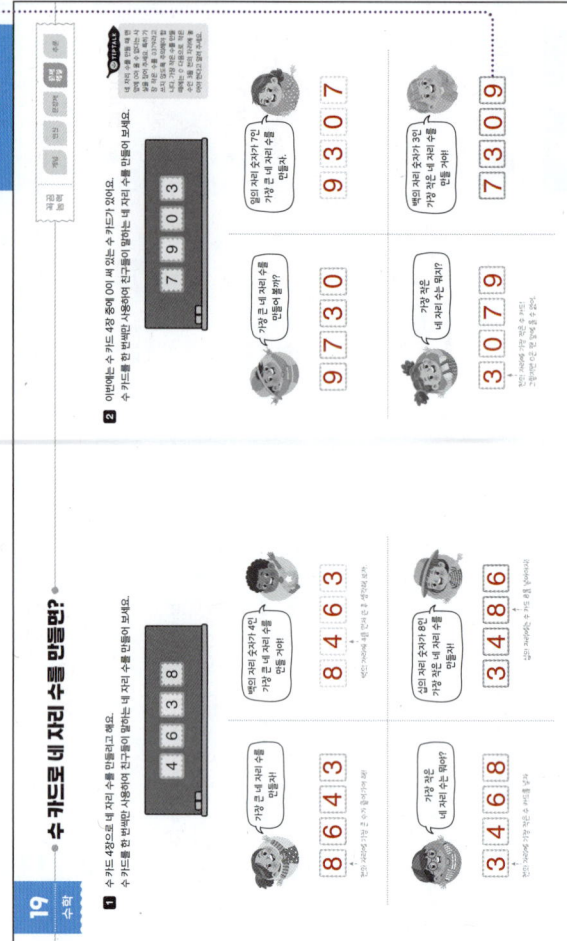
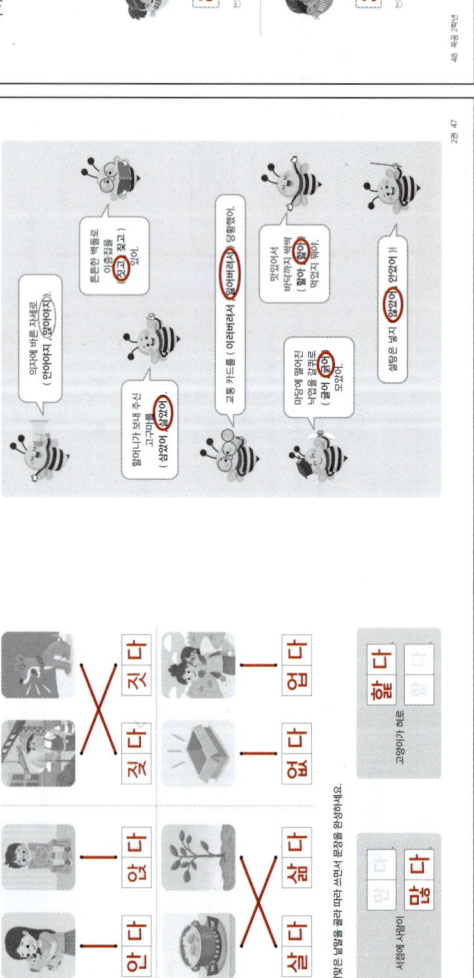

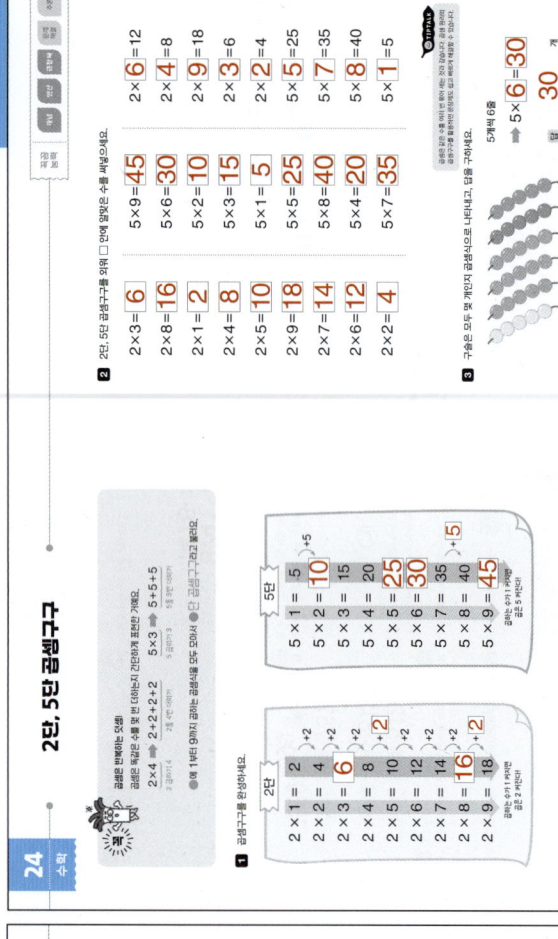
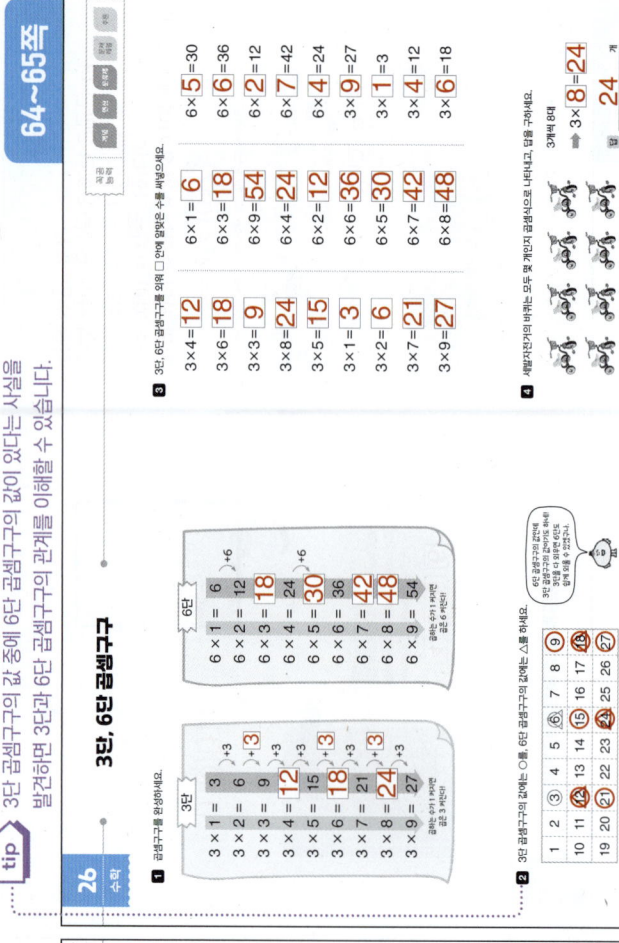

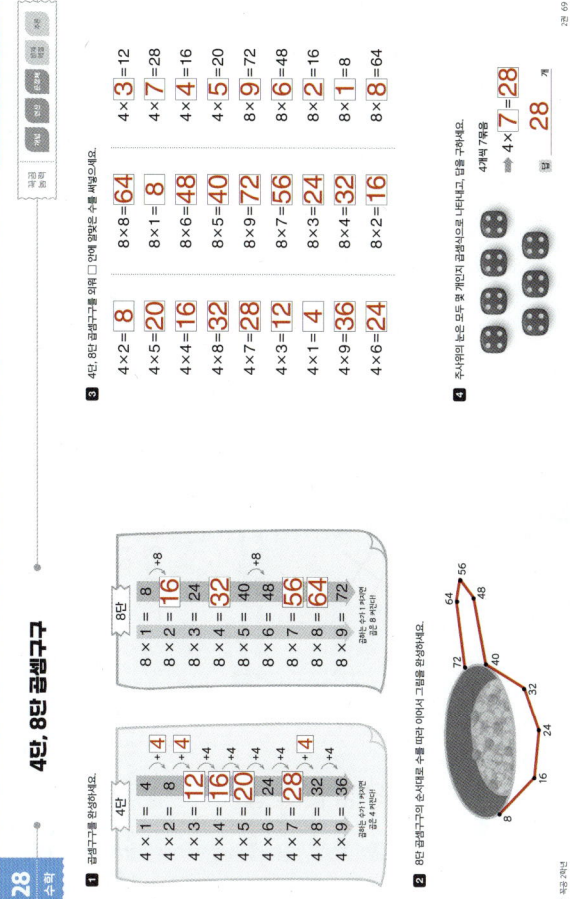
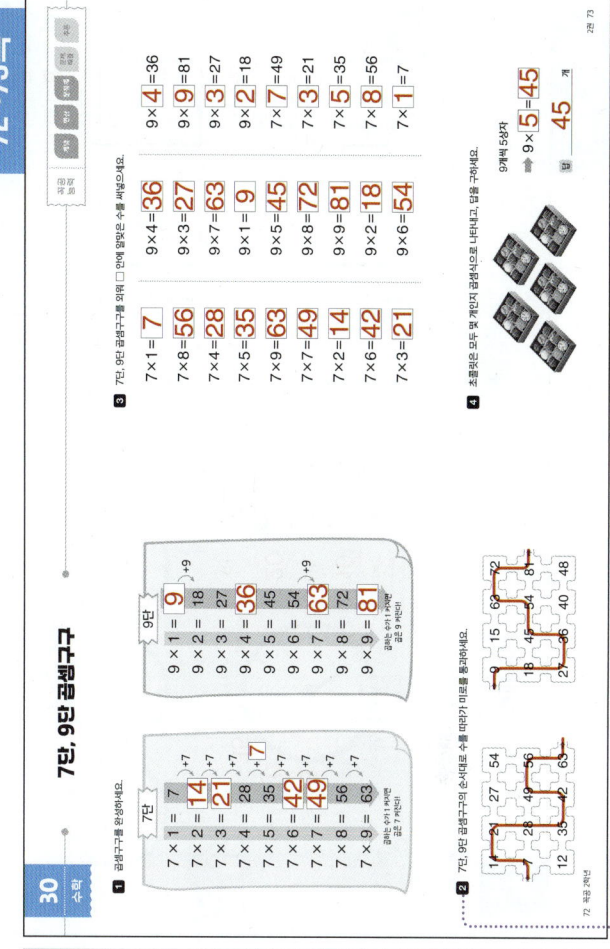

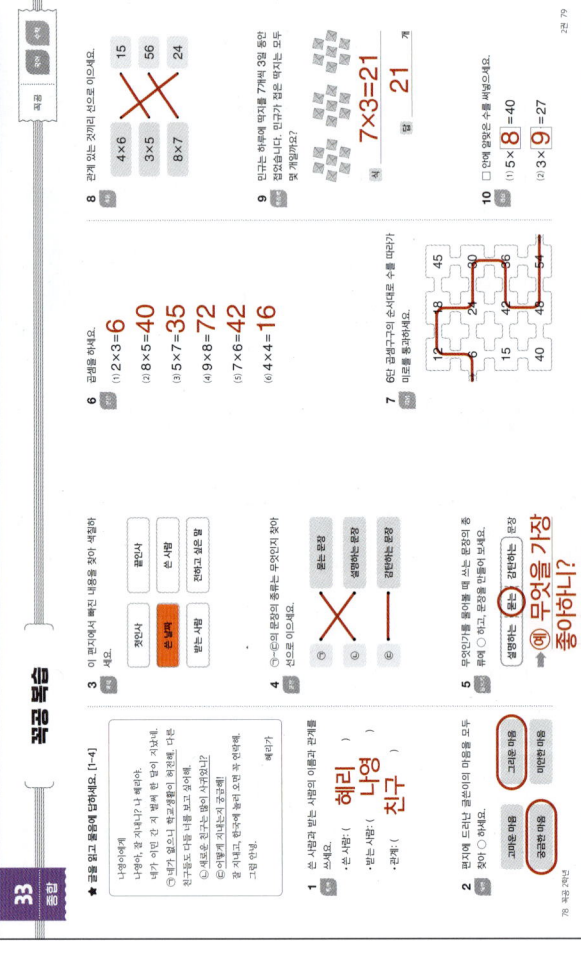

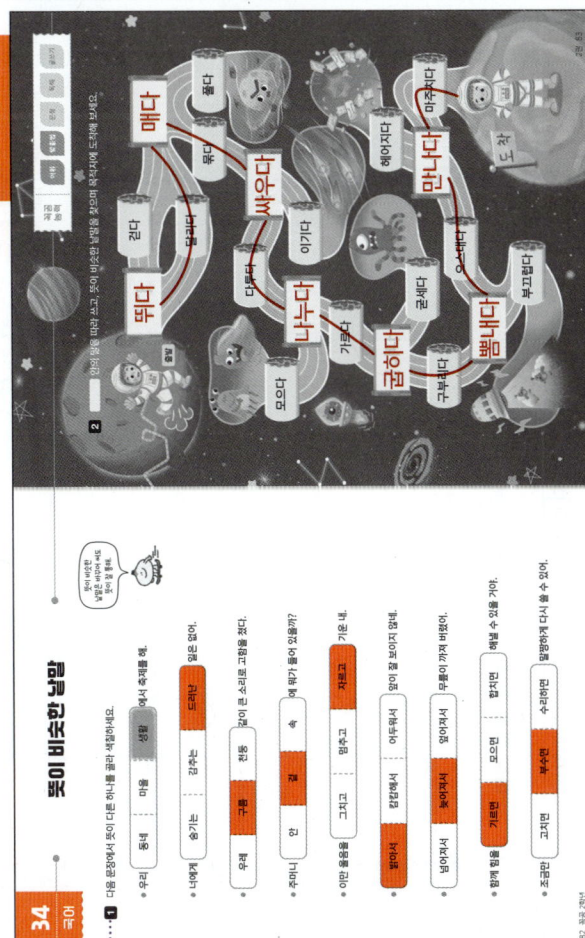
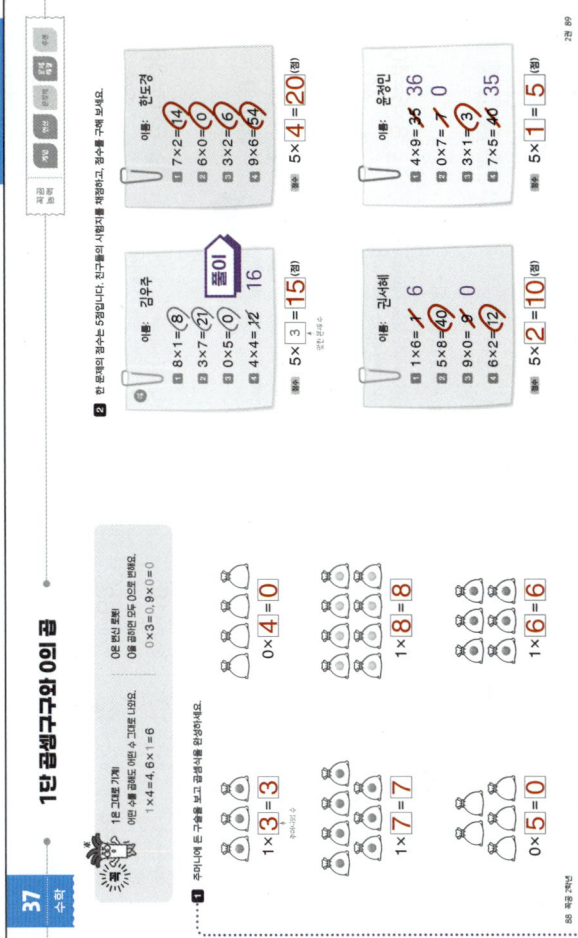

92~93쪽

풀이: 보통 (한 묶음에 들어 있는 수)×(묶음의 수)=(전체의 수)로 식을 세우지만, (묶음의 수)×(한 묶음에 들어 있는 수)=(전체의 수)로 식을 세워도 정답으로 합니다.

39 수학

곱셈구구 연습하기

② 문제를 잘 읽고 답을 구하세요.

- 음료수가 한 상자에 8개씩 들어 있습니다. 상자 5개에 들어 있는 음료수는 모두 몇 개일까요?
  식 8×5=40 답 40 개

- 선호는 사과를 하루에 1개씩 먹어요. 선호가 9일 동안 먹은 사과는 몇 개일까요?
  식 1×9=9 답 9 개

- 잠자리 다리는 6개입니다. 잠자리 6마리의 다리는 모두 몇 개일까요?
  식 6×6=36 답 36 개

- 자동차 한 대에 4명씩 타고 있습니다. 자동차 3대에 탄 사람은 모두 몇 명일까요?
  식 4×3=12 답 12 명

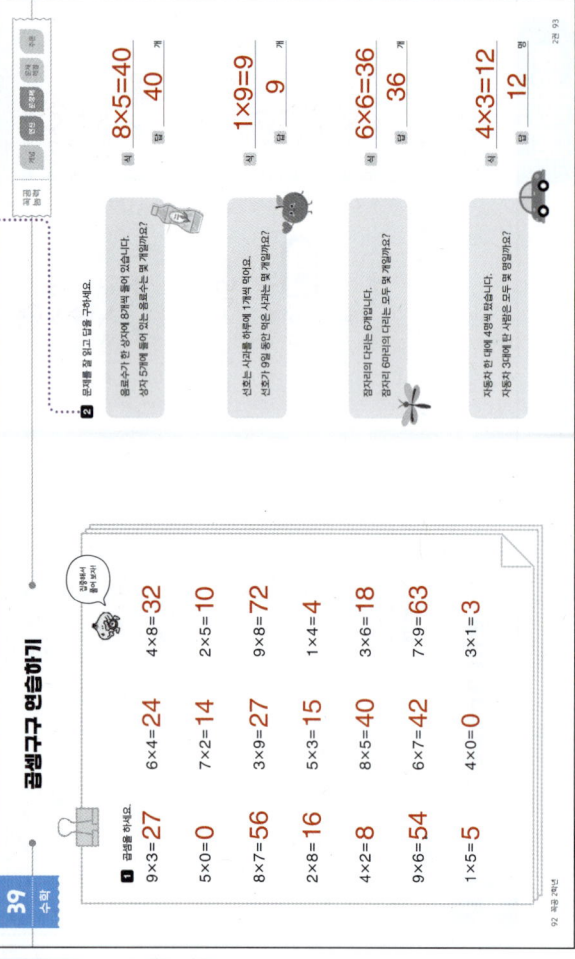

곱셈을 하세요.

9×3=27	6×4=24	4×8=32
5×0=0	7×2=14	2×5=10
8×7=56	3×9=27	9×8=72
2×8=16	5×3=15	1×4=4
4×2=8	8×5=40	3×6=18
9×6=54	6×7=42	7×9=63
1×5=5	4×0=0	3×1=3

90~91쪽

38 국어

소리는 같지만 뜻이 다른 낱말

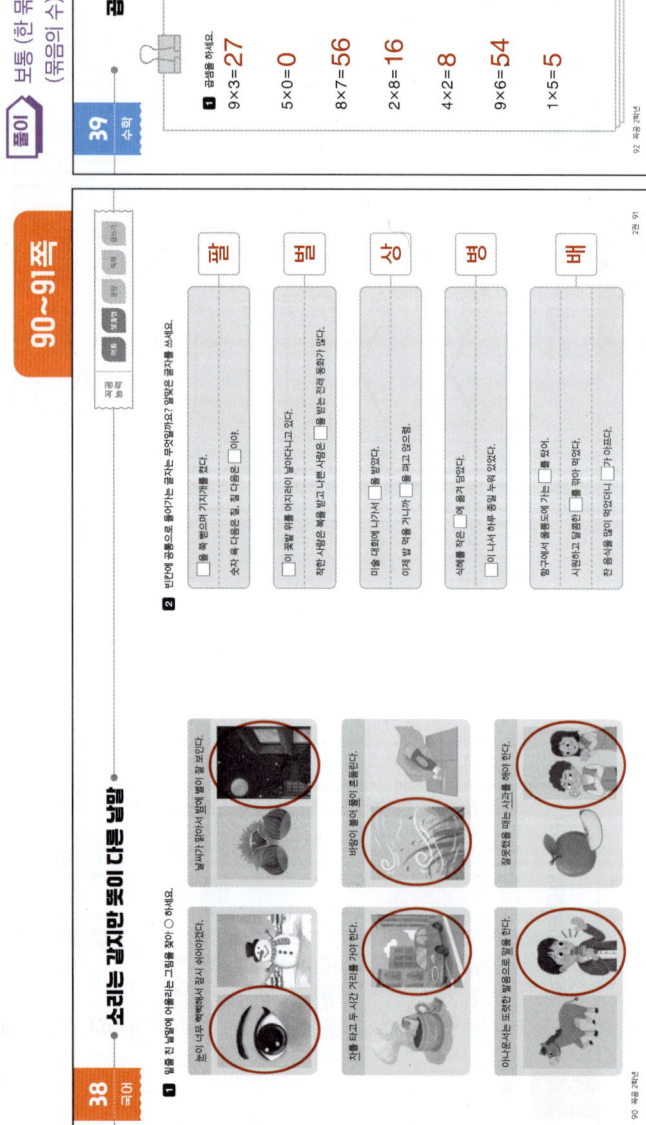

① 알맞은 뜻 낱말을 찾아 ○ 하세요.

② 반칸에 공통으로 들어가는 글자는 무엇일까요? 알맞은 글자를 쓰세요.

- 숫자 속 다음은 칠, 칠 다음은 □이야. → 팔
- □을 때 뽑으면 필, 필 다음은 □이야. → 팔
- 직원 사람들이 속을 보고 나와서 불이 났다고요. → 상
- 미음 대회에서 □을 받았다. → 상
- 이제 두 시간 후면 가게 □을 연다.
- 색칠을 잘못 하다 □을 들었다. → 병
- 아니 나서 하루 종일 □에 누워 있었다.
- 항구에서 출발하여 □로 가는 배를 탔다. → 배
- 시장에서 □ 한 송이를 사 먹었다.
- 잘 못을 많이 먹었더니 □가 아프다.

96~97쪽

풀이: 2개씩 묶어 세면 16묶음이 됩니다. 두 자리 수의 곱셈을 아직 배우지 않았으므로 2×16으로 나타내지는 않지만 2를 16번 더하거나 16을 2번 더하여 전체 수를 구할 수도 있습니다.

41 수학

곱이 같은 곱셈구구를 찾아라

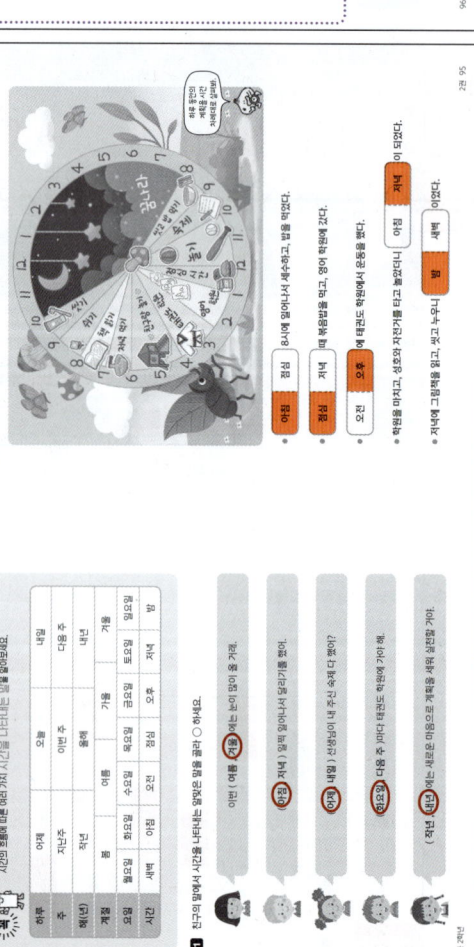

① 같은 수를 여러 가지 방법으로 묶어서 셀 수 있어요.
컵케이크를 2개씩, 4개씩, 8개씩 묶어서 여러 가지 곱셈구구로 나타내 보세요.

2×4=8   → 2×8=16
4×2=8   → 4×4=16
8×1=8   → 8×2=16

→ 4×8=32
→ 8×4=32

② 〈보기〉와 같이 두 수의 곱이 ○ 안의 수가 되도록 선을 이으세요.

6×6=36   3×2=6
4×9=36   1×6=6

4×4=16   3×4=12
2×8=16   2×6=12

2×9=18
3×6=18

94~95쪽

tip: 생활 계획표를 보면서 하루 동안 시간의 흐름을 좀 더 명확하게 이해할 수 있습니다. 답을 잘 찾지 못한다면 계획표에서 각 활동이 어떤 칸에 있는지 찾아보고 앞뒤의 시간 흐름을 파악하도록 도와주세요.

40 국어

아침, 점심, 저녁

① 시간의 흐름에 따라 여러 가지 시간을 나타내는 말을 골라 ○ 하세요.

하루	아침	낮	저녁	밤
주	지난주	이번 주	다음 주	
달(개월)	지난달	이번 달	다음 달	
계절	봄	여름	가을	겨울
해(년)	작년	올해	내년	
시간	과거	현재	미래	

② 재호의 일상 생활 계획표를 보고 알맞은 시간을 나타내는 말을 골라 색칠하세요.

- 자, 이제 일어날 시간이야. → 아침
- 점심 먹고 이제는 공부해야겠다. → 낮
- 저녁 먹고 학원에서 운동해야지. → 저녁
- 하루 일과를 마치고, 샤워와 자전거를 타고 들어간다. → 밤

100~101쪽

43 수학

곱하고 더하고, 곱하고 빼고

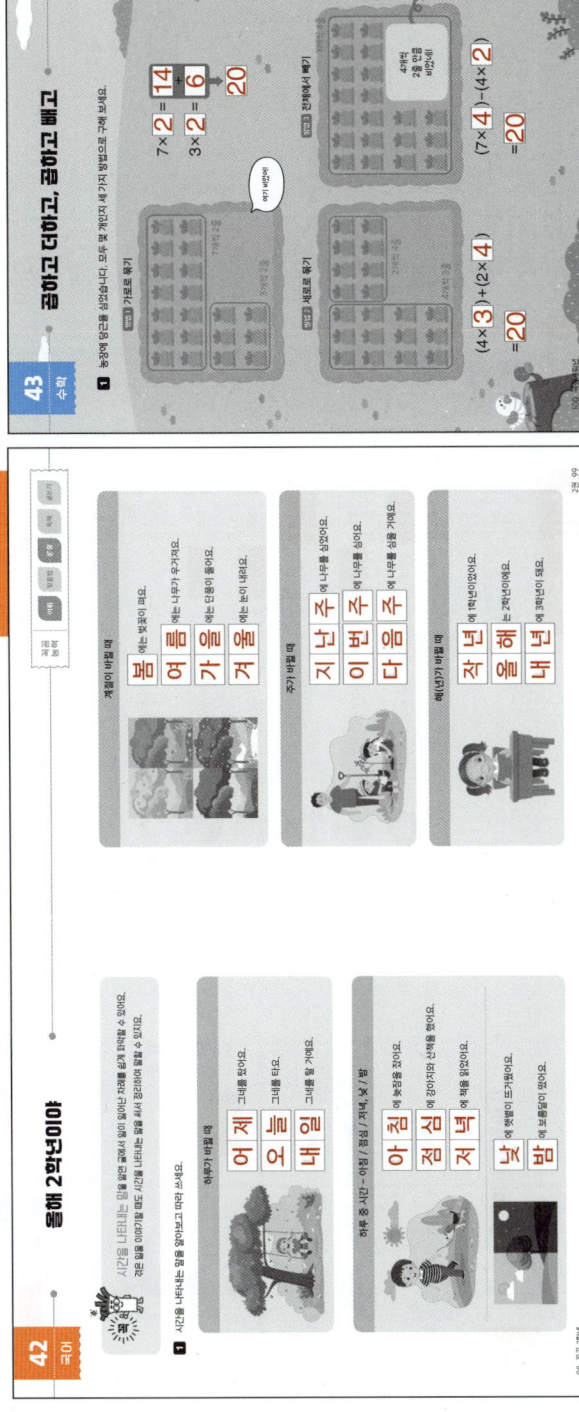

풀이

앞에서 배운 세 가지 방법 ❶ 가로로 묶기, ❷ 세로로 묶기, ❸ 전체에서 한 가지를 묶어서 식을 세우고 답을 구했다면 모두 정답으로 합니다. 단, 하나씩 직접 세면서 답을 구하지 않도록 주의하세요.

102~103쪽

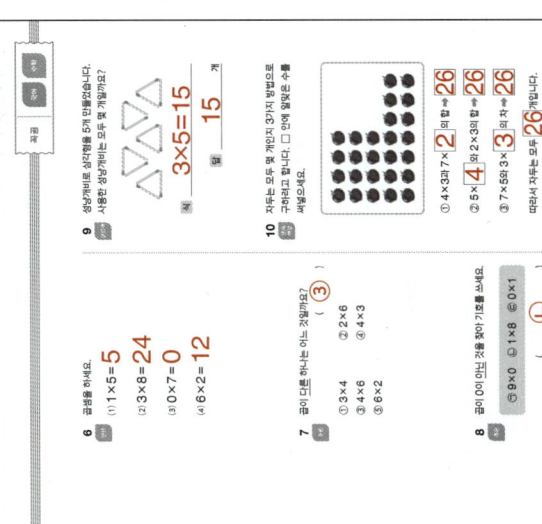

풀이
6. 곱셈을 하세요.

풀이
7. ① 3×4 = 12 ② 2×6 = 12
   ③ 4×6 = 24 ④ 4×3 = 12
   ⑤ 6×2 = 12

풀이
8. 추론

풀이
9. 문장제
   5×3=15라고 식을 세워도 정답으로 합니다.

풀이
10. 문제해결
    ① 가로로 4개씩 3줄, 7개씩 2줄을 묶어 셉니다.
    → (4×3)+(7×2)=12+14=26
    ② 세로로 5개씩 4줄, 2개씩 3줄을 묶어 셉니다.
    → (5×4)+(2×3)=20+6=26
    ③ 7개씩 5줄에서 비어 있는 3개씩 3줄을 뺍니다.
    → (7×5)-(3×3)=35-9=26

98~99쪽

42 국어

올해 2학년이야

풀이

1. 어휘
애림이 생일은 '어제'였고, 애림이를 만나기로 한 건 '오늘'입니다. 그래서 시간을 나타내는 말을 모두 찾아보도록 지도해 주세요. 글 속에서 '오늘, 어제, 아침, 오후' 같은 시간을 나타내는 말을 찾을 수 있습니다.

2. 독해
시간을 나타내는 말을 살펴보면 일이 일어난 차례를 잡을 수 있습니다. '어제' 할머니 댁에 갔고, (오늘) '아침'에 선물을 가지고 나와 다시 집에 들어갔다 왔었습니다. 그리고 '오늘 오후'에 애림이를 만나 선물을 주었습니다.

4. 맞춤법
① '바라'로 고쳐 써야 합니다. (바라다: 생각이나 희망대로 어떤 일이 이루어지기를 기대하다. / 바래다: 볕이나 습기 때문에 색이 희미해지거나 누렇게 변하다.)
④ '달라'로 고쳐 써야 합니다. (다르다: 어떤 점이 서로 같지 않다. / 틀리다: 계산이나 사실 등이 맞지 않다.)

꼭곰 정답 45~55

45 국어 — 106~107쪽
춤추는 할아버지

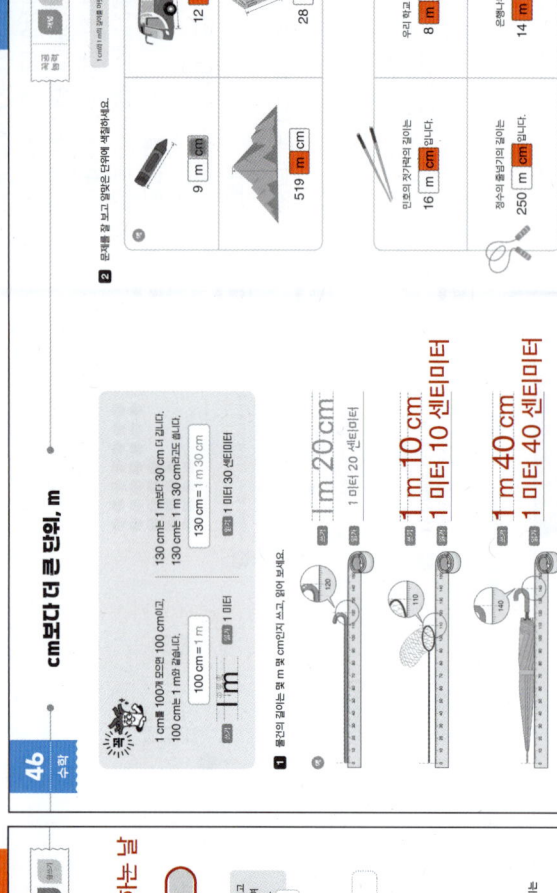

1 글을 읽고 물음에 답하세요.
- 할머니 : 병을 **앓음**
- 할아버지 : **춤**

2 글을 읽고 아버지의 차례대로 번호를 쓰세요.
- 할머니가 돌아가신 뒤로 아버지의 마음으로 알맞은 것을 모두 고르세요. **①, ②, ③**
- 할머니가 돌아가신 자리에 번호를 쓰세요.
  - 한숨을 쉬고 웃음을 빼앗아 버렸다. **1**
  - 할머니의 노래를 들으며 편안히 잠들었다. **3**
  - 할아버지, 할머니가 돌아가셨다. **2**
  - 할머니 영정 앞에서 춤을 추었다. **4**

3 글의 내용에 맞게 〈보기〉에서 시간을 나타내는 말을 찾아 문장을 완성해 보세요.
〈보기〉 오전 오후 내년 가을 겨울
- 동생이 ___내년___ 에 초등학교에 입학할 것이다.
- 맑은 ___가을___ 하늘 아래, 바람이 선선하게 불어오네.
- ___오늘___ 은/는 할아버지의 마음이 덩실덩실 춤을 추는 날이다.
- 점심을 먹고 ___오후___ 에 다 함께 현장 체험학습을 떠났다.
- 고모께서 내일 가게로 ___오전___ 에 오셨다.

tip 시간을 나타내는 말을 살펴보면 일이 일어난 차례를 쉽게 파악할 수 있습니다. 글에서 '오늘, 오전, 오후, 점심때, 오후, 내년, 가을' 등의 시간을 나타내는 말을 찾을 수 있습니다.

46 수학 — 108~109쪽
cm보다 더 큰 단위, m

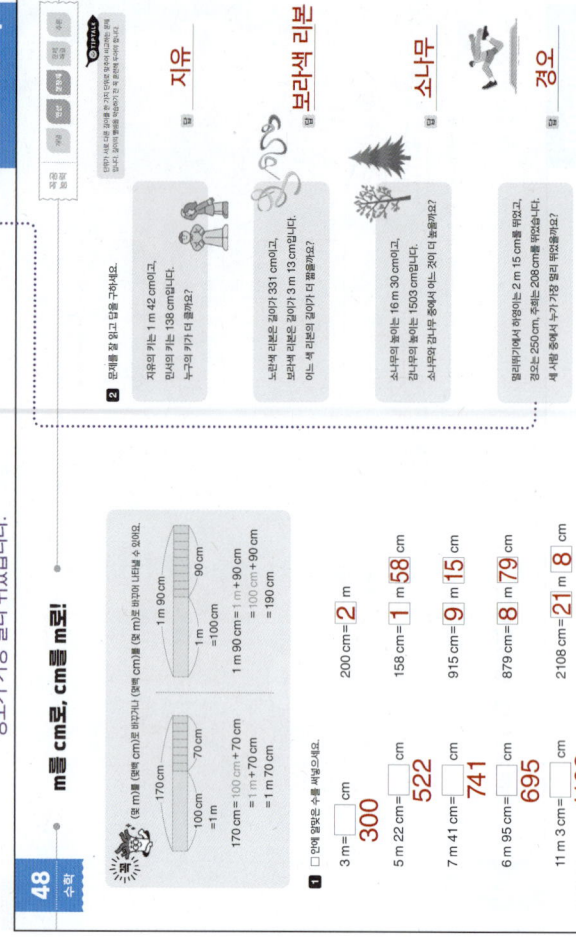

- 1 cm가 100개 모이면 100 cm이고,
- 100 cm는 1 m와 같습니다.
- 100 cm = 1 m
- 1 m를 1 미터 라고 읽습니다.

- 130 cm는 모두 1 m보다 30 cm 더 깁니다.
- 130 cm는 1 m 30 cm와도 같습니다.
- 130 cm = 1 m 30 cm
- 1 미터 30 센티미터

1 물건의 길이는 몇 m 몇 cm인지 쓰고 읽어 보세요.
- 1m 20 cm — 1 미터 20 센티미터
- **1 m 10 cm** — **1 미터 10 센티미터**
- **1 m 40 cm** — **1 미터 40 센티미터**

2 물건을 잘 보고 알맞은 단위에 색칠하세요.
- 12 **m** cm
- 28 **m** cm
- 519 m **cm**
- 9 m **cm**
- 민속촌 장승까지의 높이는 16 **m** cm 입니다.
- 우리 학교 건물의 높이는 8 **m** cm 입니다.
- 줄넘기 줄의 길이는 250 m **cm** 입니다.
- 은행나무의 높이는 14 **m** cm 입니다.

47 국어 — 110~111쪽
정확하게 발음하기

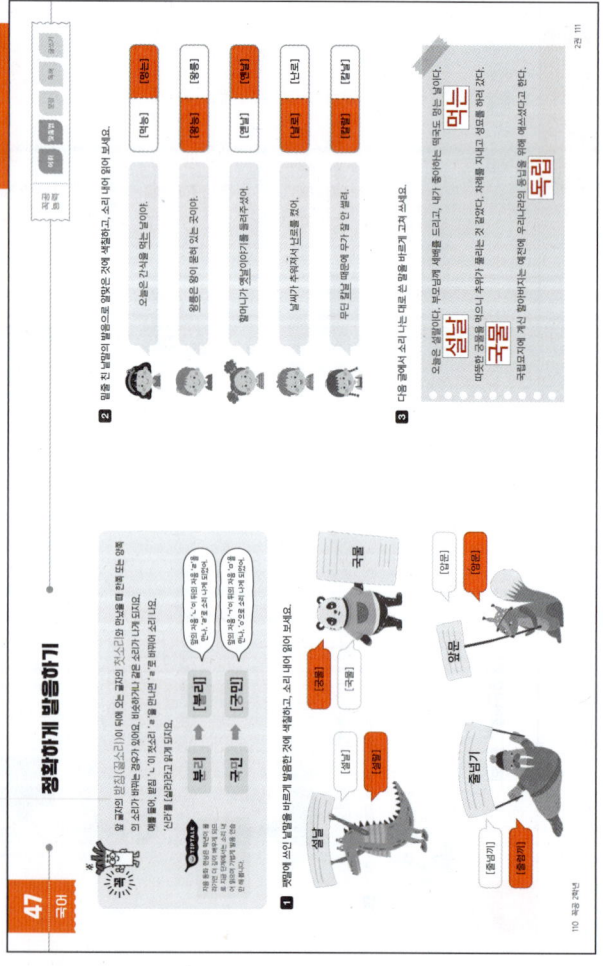

1 맞춤법이 받침이 있는 것에 알맞게 ○, 내가 읽어 보세요.
- 오늘도 간식을 많이 먹는 **[멍는]** 구나.
- 공책을 친구에게 꼭 **[꼳]** 돌려주고 와야 해.
- 동생이 내 양말을 자꾸 **[양말]** 신고 나가네.
- 아빠와 어떤 나물이 **[나무리]** 맛있는지 이야기 나누었어.
- 생일 선물로 부모님께 새해에 내가 들어있는 **[선물]** 지갑을 받았어.
- 국을 공연에서 계속 놓치게 **[놓치게]** 풍물놀이 공연을 보러 가자.

2 맞춤법을 잘 보고 알맞은 것에 ○표 하세요.
- [맛집] [맏집]
- [묵념] [묵념]
- [꽃잎] [꼬칩]
- [연필] [연필]
- [잠자리] [잠짜리]

3 다음 공연에서 소리 나는 대로 쓴 말을 바른 표기로 고쳐 쓰세요.
- [산님] → **생일**
- [궁물] → **국물**
- [항문] → **학문**
- [멍는] → **먹는**
- [동닙] → **독립**

48 수학 — 112~113쪽
m를 cm로, cm를 m로!

〈풀이〉 세 사람이 멀리뛰기 기록을 모두 같은 단위로 바꾼 후 비교합니다.
하영 : 2 m 15 cm → 215 cm, 경오 : 250 cm, 주희 : 208 cm
백의 자리 숫자는 2로 모두 같으므로 십의 자리 숫자가 5로 가장 큰 경오가 가장 멀리 뛰었습니다.

1 □ 안에 알맞은 수를 써넣으세요.
- 3 m = [ ] cm → **300**
- 200 cm = [ ] m → **2**
- 5 m 22 cm = [ ] cm → **522**
- 158 cm = **1** m **58** cm
- 7 m 41 cm = [ ] cm → **741**
- 915 cm = **9** m **15** cm
- 6 m 95 cm = [ ] cm → **695**
- 879 cm = **8** m **79** cm
- 11 m 3 cm = [ ] cm → **1103**
- 2108 cm = **21** m **8** cm

2 문제를 잘 읽고 답을 구해 주세요.
- 지우의 키는 1 m 42 cm이고, 선아의 키는 138 cm입니다. 누구의 키가 더 클까요? → **지우**
- 노란색 리본의 길이가 331 cm이고, 보라색 리본의 길이가 3 m 13 cm입니다. 어느 색 리본의 길이가 더 길까요? → **보라색 리본**
- 소나무의 높이는 16 m 30 cm이고, 감나무의 높이는 1503 cm입니다. 소나무와 감나무 중에서 어느 것이 더 높을까요? → **소나무**
- 멀리뛰기에서 서영이는 2 m 15 cm를 뛰었고, 주희는 250 cm, 주원이는 208 cm를 뛰었습니다. 세 사람 중에서 누구가 가장 멀리 뛰었을까요? → **경오**

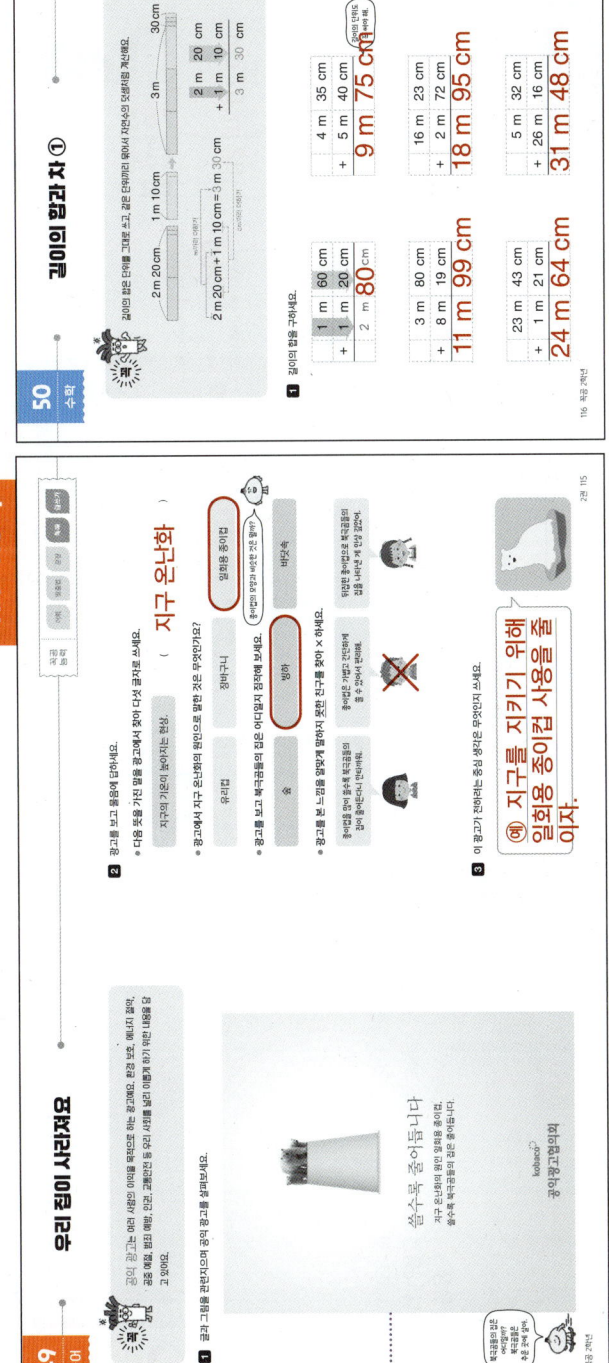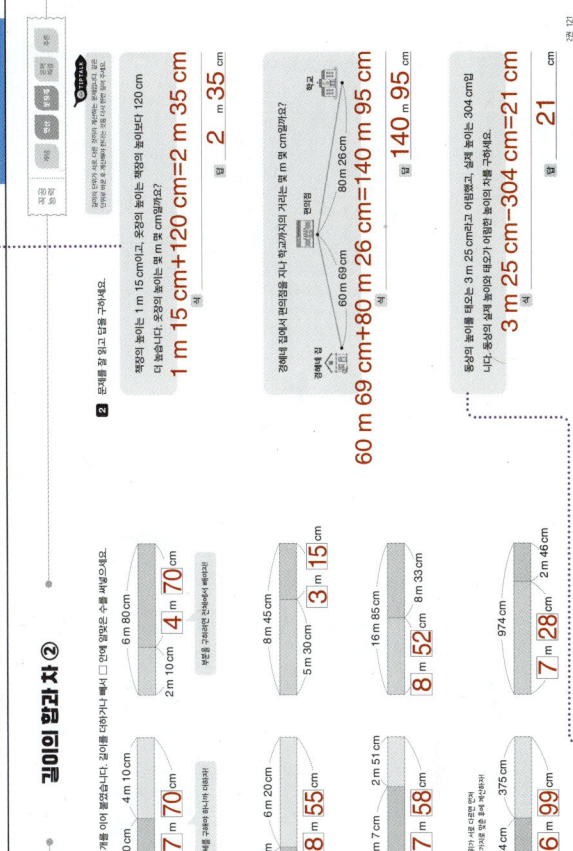

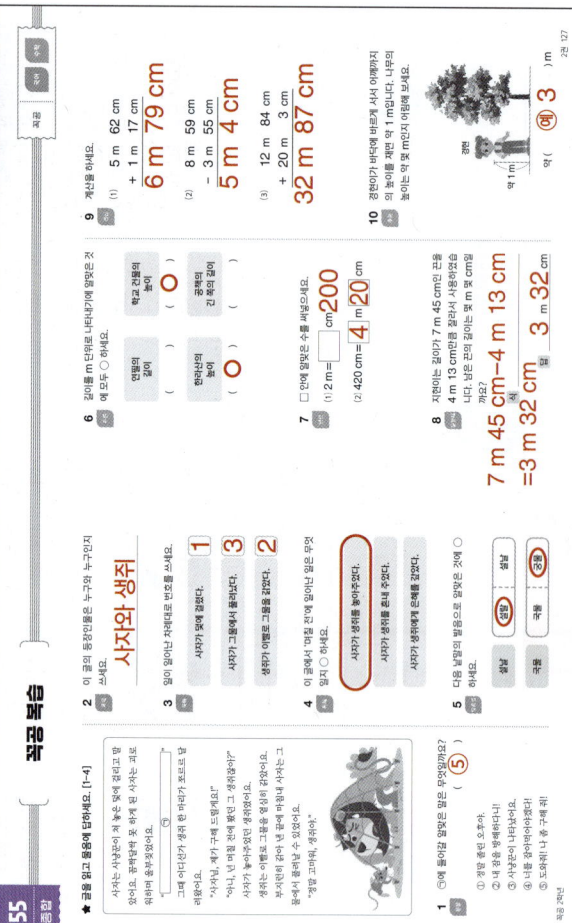

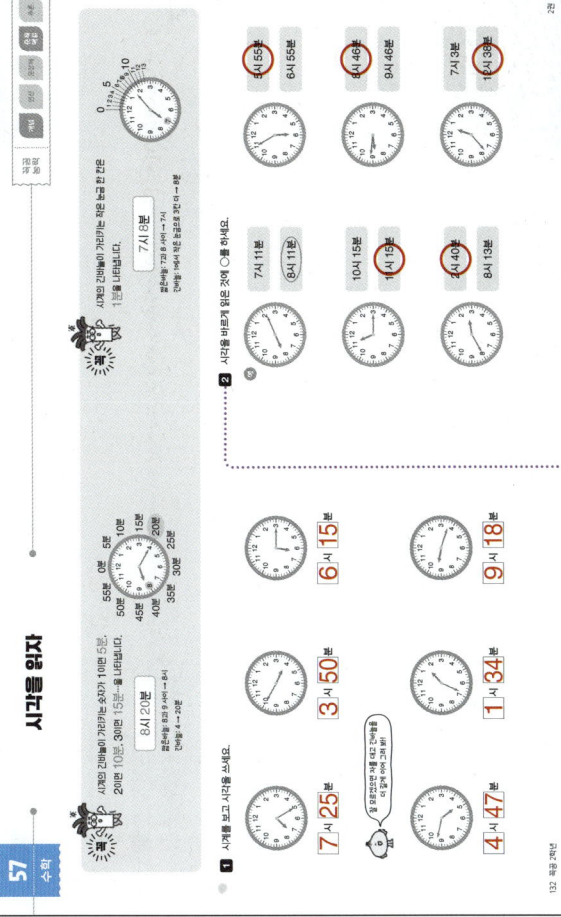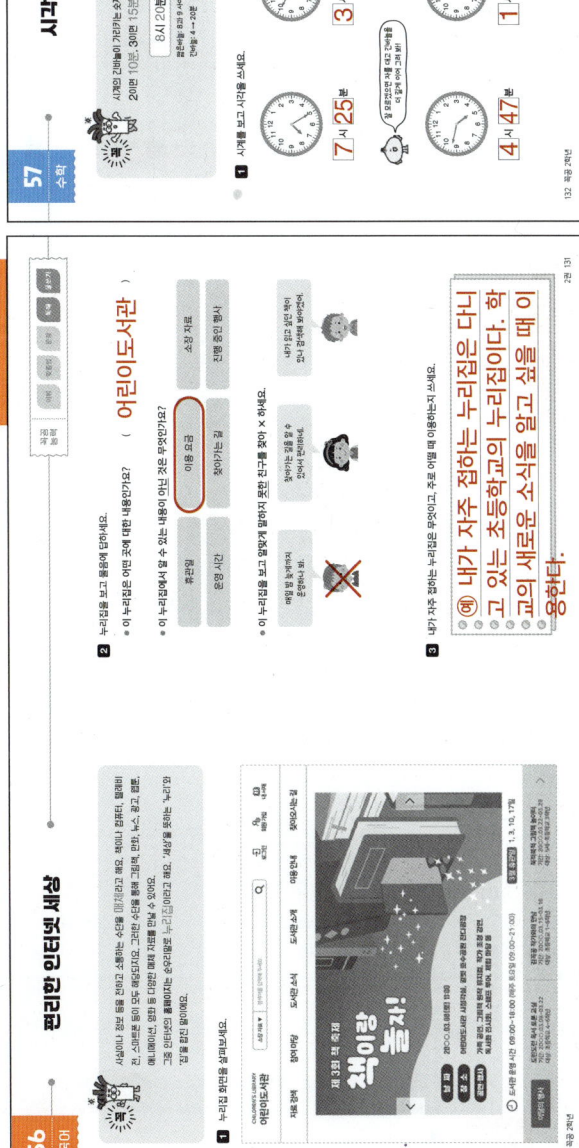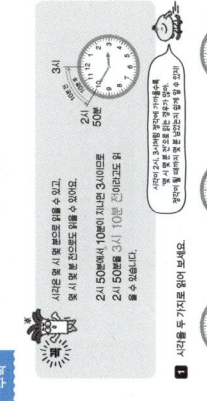

140~141쪽

61 수학

1시간은 60분이야

1시간=60분

90분 = 60분 + 30분 = 1시간 30분
85분 = 60분 + 25분 = 1시간 25분

2시간 45분 = 2시간 + **45**분 = **120** + **45**분 = **165**분
3시간 = **180**분
1시간 55분 = **115**분
2시간 28분 = **148**분
3시간 10분 = **190**분

2. □ 안에 알맞은 수를 써넣으세요.
80분 = 60 + **20**분 = 1시간 + **20**분 = **1**시간 **20**분
65분 = **1**시간 **5**분
150분 = **2**시간 **30**분
175분 = **2**시간 **55**분
240분 = **4**시간

1. 시계를 보고 시간 띠를 이용하여 색칠하세요.
색칠한 칸이 6칸이므로 흘러간 시간은 **60**분 = **1**시간입니다.
색칠한 칸이 **10**칸이므로 흘러간 시간은 **1**시간 **40**분입니다.
100

144~145쪽

63 수학

시간이 얼마나 걸리지?

💡 tip 두 시계의 시각을 먼저 읽고, 그 사이에 걸린 시간을 알아봅니다. 144쪽에서 공부한 것처럼 시간 띠를 이용해도 좋습니다.

1. 영화가 시작하는 시각과 끝나는 시각을 알 수 있어요. 영화가 상영하는 시간은 몇 분일까요?

3시 → 4시 50분: 1시간 **50**분
1시 15분 → 2시 40분: 1시간 **25**분
6시 10분 → 7시 55분: 1시간 **45**분

시작 시간 · 시간 · 상영 시간

2. 시계를 보고 문장을 완성하세요.

영어 수업은 **10**시 **30**분에 시작해서 11시 15분까지 했어요. 영어 수업 시간은 **45**분 동안이었어요.

경찰 시간 12시에서 시작해서 1시 **10**분에 끝냈어요. 걸린 시간은 **70**분 동안이었어요.

축구 시작 시간은 **4**시 **20**분 끝난 시간은 **5**시예요. 축구 시간은 **40**분 동안 했습니다.

138~139쪽

60 국어

똑똑똑 30초 말하기

1. 동장이들이 생각을 파악하며 글을 읽어 보세요.

동물 마을 회장 선거 날

(본문)

2. 글을 읽고 물음에 답하세요.
① 오늘의 주요 낱말은?
② 각 동물이 알맞은 회장이 되어야 하는 까닭을 선으로 이으세요.

호랑이 — 사자 — 곰 — 올빼미

3. 나무늘보가 하려던 뒷말은 무엇일지 상상하여 쓰세요.

예) 나는 목이 아주 길고 눈이 좋게 위에 있어. 내가 회장이 되면 우리 마을은 아주 멀리 있는 것까지 잘 볼 수 있어. 우리 마을이 위험에 처할 때 빨리 알아차릴 수 있지!

4. 동물 중 하나를 골라 그 동물의 장점 한 가지를 강조하며 어떤 말을 할지 자유롭게 쓰세요.

기린 - 예) 매일 사이좋게 지낼 수 있을 것 같아. 내가 회장이 되면 우리 마을은 화목한 마을이 될 거야.

142~143쪽

62 국어

내 생각을 말해요

1. 다음의 내용이 들어 있는 쪽지를 찾아보세요.

① 스마트폰을 많이 사용해요.
② 이런 수 있습니다.
③ 엄마의 잔소리
④ 엄마에게 말씀 드렸어요.
⑤ 오른 엄마의 말씀
⑥ 도둑을 잡았어요.

사실이 아닌, 생각을 표현한 쪽지를 찾습니다. 2, 4, 5번이 쪽지는 글쓴이의 생각이 아닌 사실을 담고 있습니다.

2. 생각을 표현한 쪽지를 모두 찾아 번호를 써넣으세요. (**3**)

① ② **③** ④ ⑤ **⑥**

3. 다음은 어떤 생각에 대한 까닭을 적은 것인지 알맞은 번호를 쓰세요.
- 분무기 요리해요 / 음식을 만들 수 있어서 좋다
- 엄마가 좋아하는 기분이 좋아진다
- 아침에 일찍 일어나야 해서 너무 피곤하다

4. ⑥에 대한 자신의 생각을 쓰고, 이유를 다른 친구들이 쉽게 이해하도록 써보세요.

내 생각: 예) 면 안 된다고 생각한다.
까닭: 예) 스마트폰에 빠지게 되고, 눈도 나빠진다.

스마트폰을 많이 쓰지 맞지는 생각에 대해 찬성하거나 반대하는 자신의 생각과 그에 알맞은 까닭을 쓰는지 확인해 주세요.

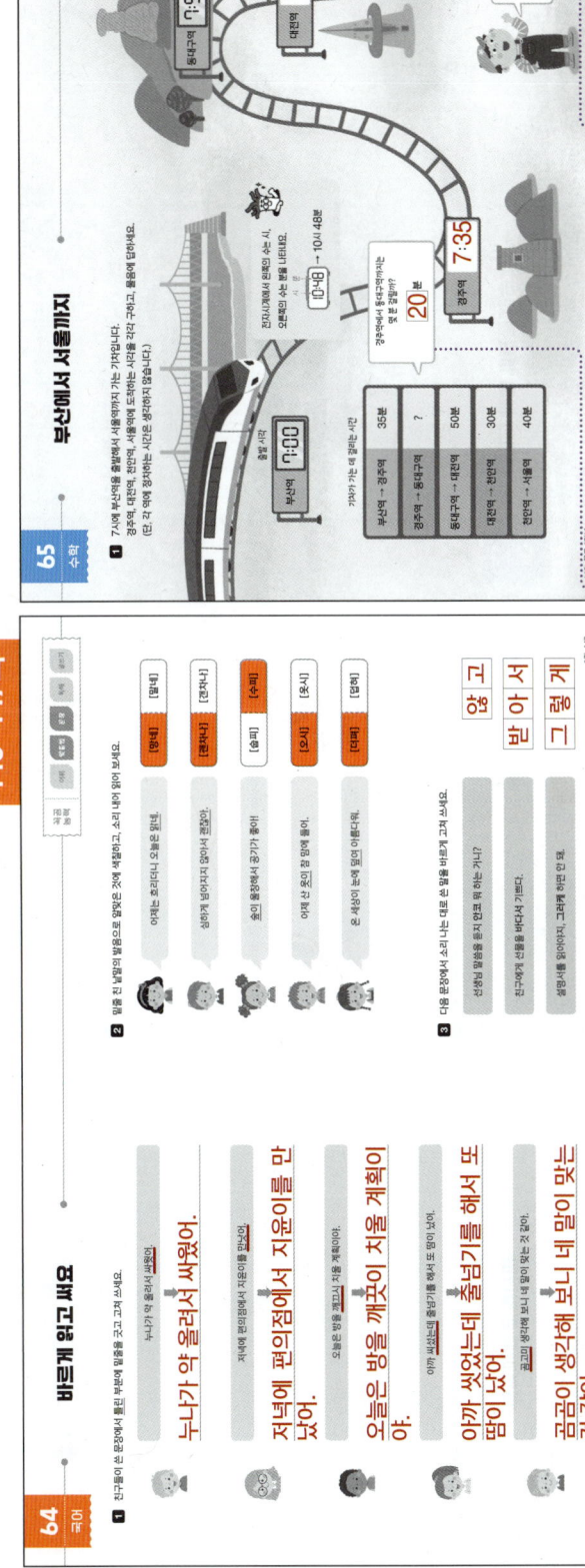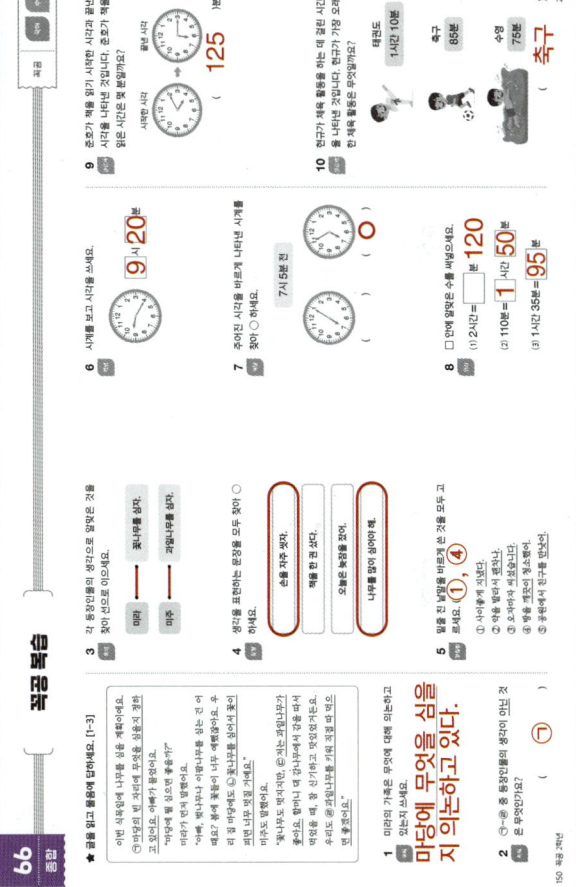

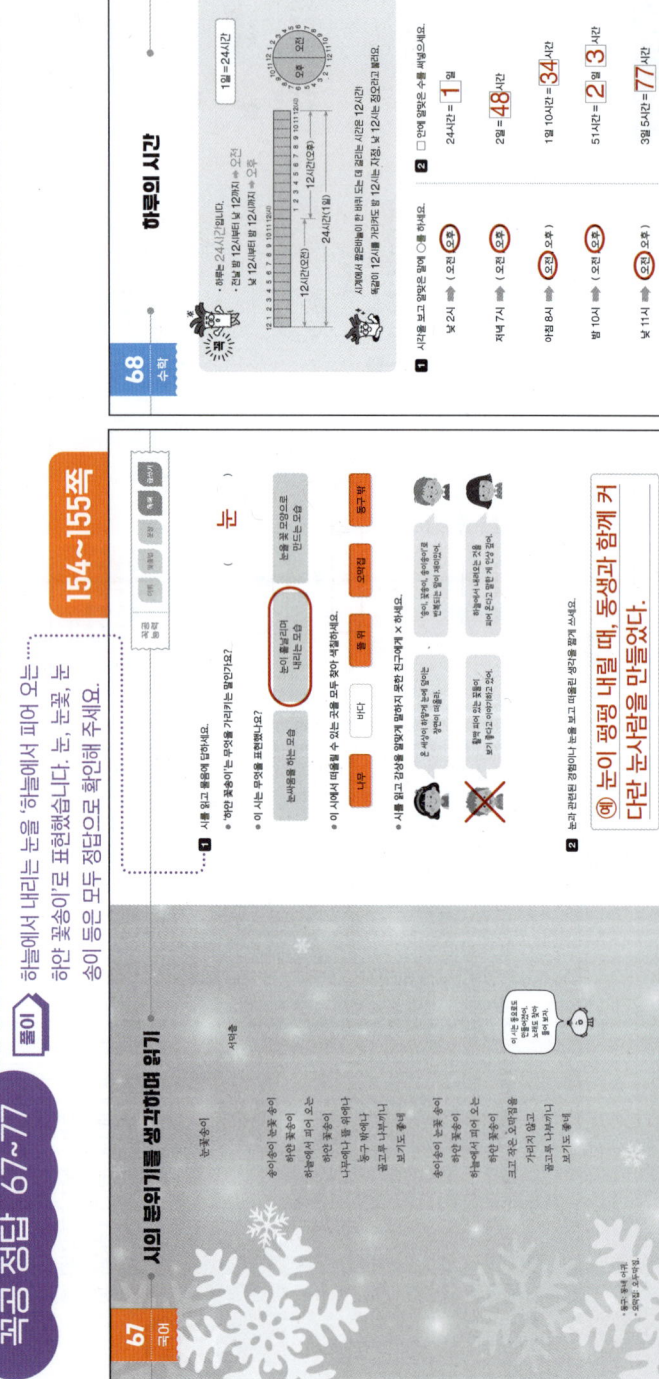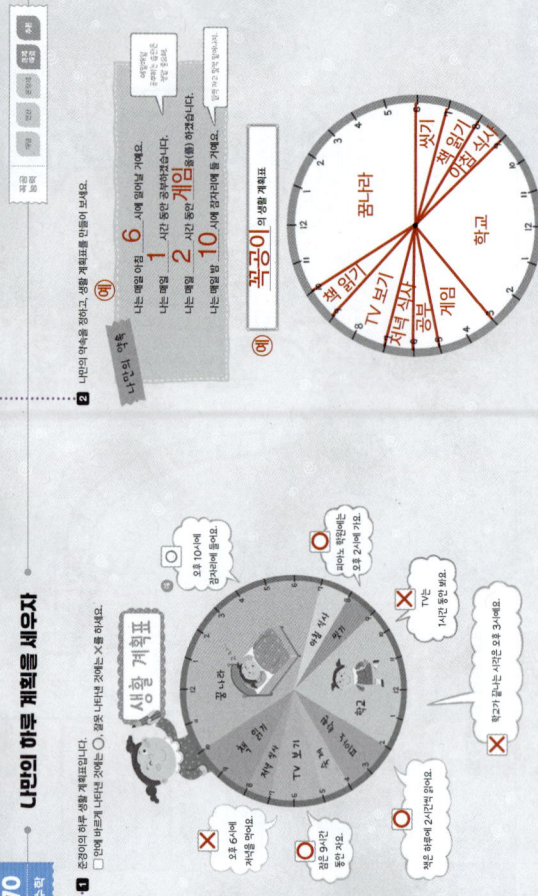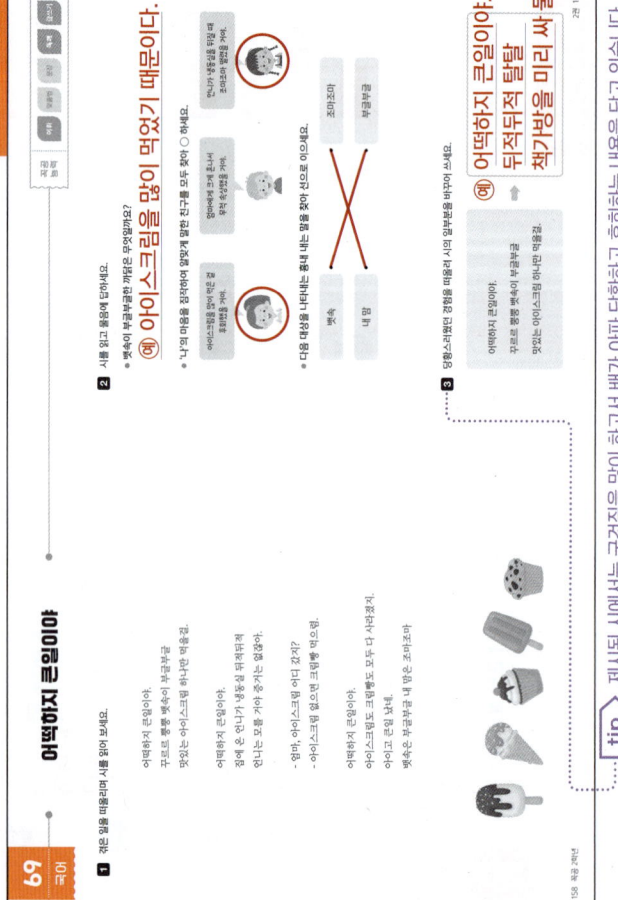

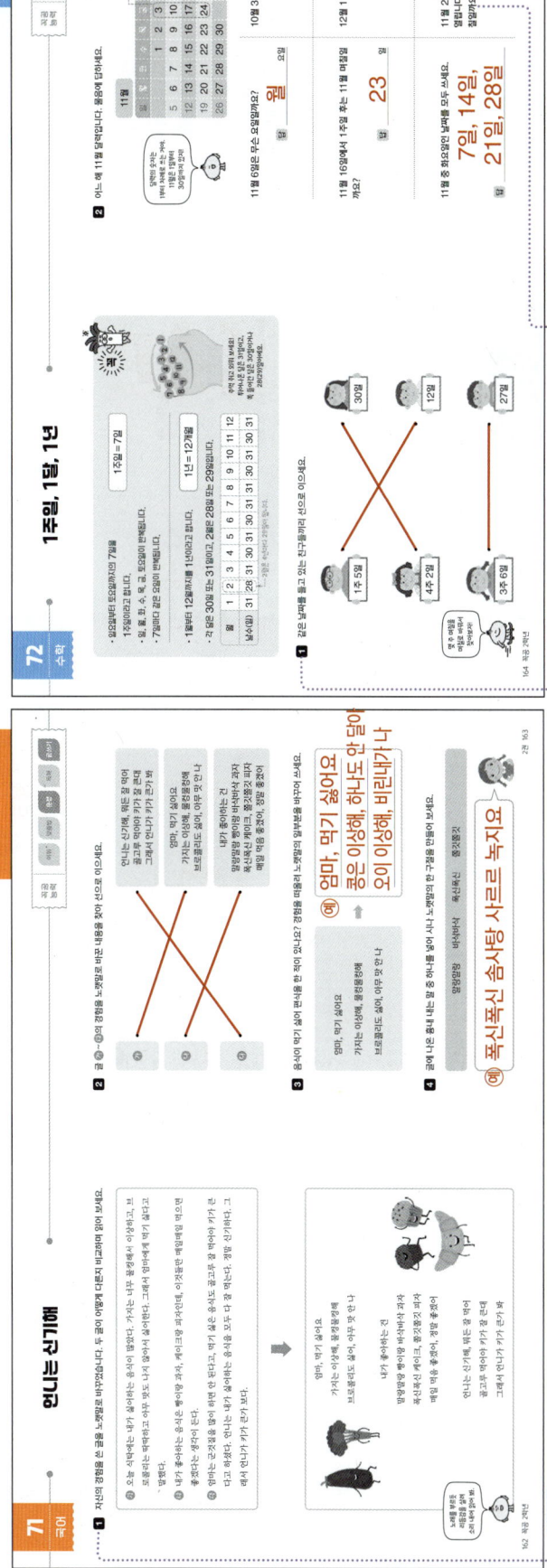
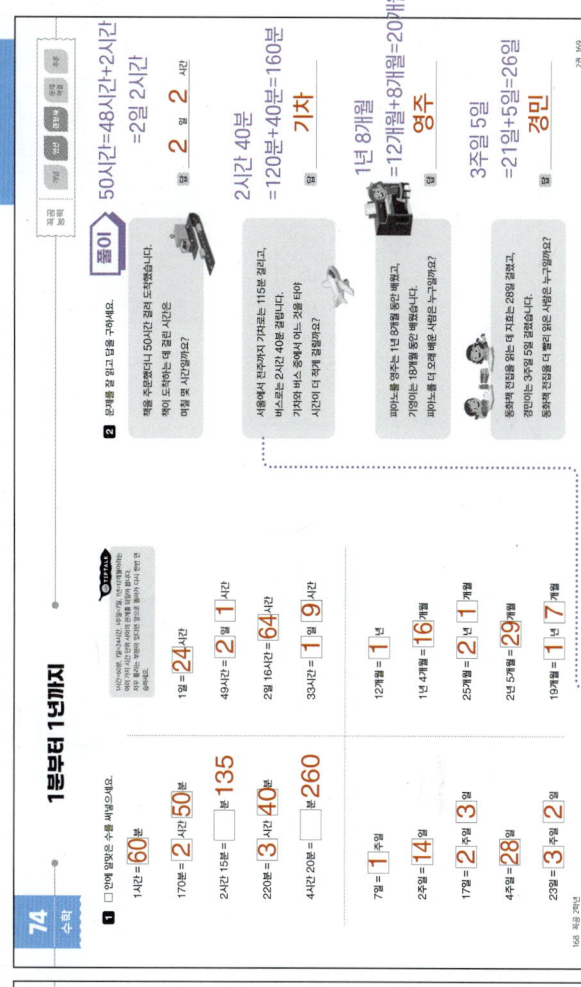

"오늘도 한 뼘 자랐습니다"

톡특한개념
8

기적의 학습서, 제대로 경험하고 싶다면?
학습단에 참여하세요!

꾸준한 학습!

풀다 만 문제집만 수두룩? 기적의 학습서는 스케줄 관리를 통해 꾸준한 학습을 가능케 합니다.

푸짐한 선물!

학습단에 참여하여 꾸준히 공부만 해도 상품권, 기프티콘 등 칭찬 선물이 쏟아집니다.

알찬 학습 팁!

엄마표 학습의 고수가 알려주는 학습 팁과 노하우로 나날이 발전된 홈스쿨링이 가능합니다.

길벗스쿨 공식 카페 〈기적의 공부방〉에서 확인하세요.
http://cafe.naver.com/gilbutschool